99 Secrets De Marketing Qui *Changeront* Votre Business... Et *Changeront Votre Vie !*

SOMMAIRE

Pourquoi Ce "Livre Noir?"

Il y a un peu plus de 3 ans, après la faillite de mon entreprise, j'ai décidé de lancer un nouveau livre intitulé "37 Manières d'avoir davantage de clients". Avec le recul, c'était probablement le pire moment de ma vie pour commencer un livre.

Je venais de perdre tout mon argent en trading, mon site de dropshipping ne vendait toujours pas et mon investissement dans le minage de crypto-monnaies n'était plus rentable. Je me battais quotidiennement pour ne pas tomber en faillite, et pourtant c'était à ce moment-là que j'ai décidé de démarrer un livre de marketing ?

Cela n'avait aucun sens à l'époque, mais je suis TELLEMENT reconnaissant maintenant de l'avoir fait.

Sur mon compte Instagram, au cours des 3 dernières années, j'ai documenté mes recherches depuis le bord de la faillite jusqu'à la création d'un média qui générera plus de 900 000 vues ! Ceux qui regardent mes stories connaissent les hauts, les bas et tout le reste.

Pour enrichir mon premier livre, j'ai dû investir des dizaines de milliers d'euros dans des formations de marketing. On y retrouve tous les grands noms comme Yomi Denzel, Tugan Bara, Théophile Eliet ou encore Oussama Ammar.

À ce moment-là, je me concentrais uniquement sur l'écriture d'un livre sur le sujet d'acquérir plus de clients, sans penser au reste comme la fidélisation, le copywriting, l'état d'esprit et les fondations.

Or, tout va ensemble, c'est un équilibre !

C'est donc pour cela que j'ai décidé de réécouter plus de 1 300 vidéos de ces formations, les passant au peigne fin pour trouver les MEILLEURES histoires, exemples et stratégies qui ont eu le plus grand impact pour les propriétaires d'entreprise.

J’ai gardé le meilleur du meilleur pour le mettre dans ce "Livre Noir". J'ai passé d'innombrables heures à écouter, puis à organiser, écrire et réécrire pour vous donner ce Livre Noir.

Je considère ce livre comme les "notes interdites" où vous pouvez vous lancer, lire quelques "secrets" puis améliorer votre business.

J'espère que ce Livre noir vous inspirera pour créer des entreprises incroyables et changer la vie des gens. J'espère que cela vous incitera à regarder mes autres livres. Et j'espère que cela vous divertira en attendant la mise en ligne de la prochaine vidéo de ma chaîne YouTube.

Merci encore d'avoir commandé ce livre et n'oubliez pas... Vous n'êtes plus qu'à un livre de réussir.

Introduction

Chaque problème de la vie peut être résolu avec un bon marketing. Je me fiche de ce que c'est. Vous me donnez n'importe quel problème dans votre entreprise ou dans votre vie, et cela se résume à ceci :

Vous êtes nul en marketing. C'est le problème.

Vous avez du mal à trouver une petite amie ? Pas d'argent ? Vous ne trouvez pas d'amis ? Tout revient au marketing. Il ne suffit pas de se lancer dans le marketing, vous devez en devenir un étudiant. Si vous venez dans mon bureau, vous verrez des livres sur le marketing du sol au plafond. J'ai consacré toute ma vie à étudier cela, car je sais que cela rend tout ce que je fais dans la vie plus réussie.

Un bon marketing vous permettra d'avoir de bons amis, un bon conjoint et beaucoup d'argent. Un bon marketing vous apprendra à vous mettre en valeur, à trouver l'angle d'attaque qui suscite l'intérêt des gens et à réduire à néant toutes les objections des gens à propos de ce que vous vendez. Des produits ? Des vœux de mariage ? Obtenir une augmentation ? Des vacances ? Peut importe.

Pour résoudre n'importe quel problème dans votre vie, améliorez votre marketing.

Ce livre contient 99 secrets de marketing que j'ai appris au cours des 20 dernières années. Vous pouvez les lire dans l'ordre ou prendre le livre et commencer au milieu. Les chapitres sont très courts, ce qui vous permet de lire chaque secret, de le mémoriser et de l'appliquer ensuite dans votre vie. J'ai classé mes secrets selon six principes de marketing :

- Les Fondations
- Devenir un expert
- Vos Offres
- Tunnels De Ventes
- Ventes
- Mentalité

... mais vous n'enfreignez aucune règle si vous les lisez dans le désordre.
Il n'y a qu'une seule règle. Vous devez me promettre d'appliquer ces secrets dès que possible.

Vous remarquerez que chaque secret, est un épisode vidéo sur ma chaîne YouTube. C'est là que vous pouvez aller si vous voulez en savoir plus sur le secret et l'approfondir. Vous pouvez vous abonner ici :

linktr.ee/natanlemaire

N'oubliez pas que presque tout dans la vie peut être résolu avec un bon marketing.

Fondations

Introduction

La plupart des entrepreneurs aiment y aller ! Go Go Go ! À vos marques, tirez, visez, c'est ça ? C'est bien. C'est ce qui nous fait nous réveiller le matin, sortir nos produits et changer le monde. Donc un mot comme fondations est ennuyeux. Certainement pas sexy.

Lorsque vous arrêtez d'apprendre quelque chose comme les bases du marketing, vous pouvez avoir l'impression de ralentir ou de faire un pas en arrière, mais il est essentiel de poser de bonnes fondations pour pouvoir construire un empire. Après tout, les fondations dont vous avez besoin pour une entreprise de 100 millions d'euros ne seront pas faciles à mettre en place par rapport aux fondations qui soutiendront une entreprise de 1 million d'euros.

Une base solide multiplie et maximise vos efforts. Cela signifie que lorsque vous serez prêt à sortir et à vendre, tout ce que vous ferez sera plus fort, plus rapide et plus rentable... même si vous ne faites pas plus d'efforts.

De bonnes fondations construisent et soutiennent les entreprises durant les hauts et les bas, alors ne manquez pas l'occasion d'apprendre et de consolider les fondations de votre entreprise.

Secret 1

VOTRE OPINION N'A PAS D'IMPORTANCE

Votre Opinion N'a Pas d'Importance

Des produits incroyables restent souvent inconnus et des entreprises font faillite chaque année à cause des opinions des gens.

Votre opinion ne compte pas. Les gens ont peur de repousser les limites de leur marketing à cause de toutes les opinions qui s'interposent.

C'est trop insistant.
Mon public ne sera pas en phase avec ce genre de marketing.
Ça les éteindra.

Et ce ne sont pas seulement les opinions des entrepreneurs qui entraînent la faillite de leur entreprise. Ce sont les entrepreneurs qui écoutent les opinions de leurs clients.

Les opinions des clients n'ont pas toujours d'importance. Lorsque vous interrogez votre public sur Facebook ou par e-mail et qu'ils vous disent clairement que votre nouvelle lettre de vente, vidéo ou campagne marketing ne les attire pas, souvenez-vous de ceci :

Ce que votre public dit et ce qu'il fait est parfois complètement différent.

Vous le savez, n'est-ce pas ? Vous demandez aux gens s'ils achèteront XYZ et ils crient tous OUI ! Mais ensuite, vous le sortez et... bruit des grillons. Ou les gens vous diront qu'ils n'aiment pas votre nouveau tunnel, mais 175 € par client plus tard, vous emmenez cette opinion jusqu'à la banque !

Ça me rend fou, des entreprises qui dirigent des groupes d'enquête, font remplir des sondages, toutes ces sortes de choses pour essayer d'obtenir des commentaires sur leur produit. Ce qu'ils vont acheter ou ne pas acheter et toutes ces choses.

Mais la réalité est que rien de tout cela n'a d'importance non plus. La seule chose qui compte vraiment, c'est que les clients votent avec leur carte de crédit. C'est ça, la clé.

Lorsque j'ai commencé les A/B tests pour notre première newsletter de DeviensUnPro.com (mon site de marketing), j'avais un avis sur chaque test fractionné que nous avons essayé. Devinez quoi ? J'avais tort environ 80 à 90% du temps.

Cela devrait vous encourager, car cela signifie que vous n'avez pas besoin de "lire les astres" pour réussir dans les affaires. Cela signifie que vous devez êtes prêt à mettre vos opinions de côté et à suivre les calculs, l'argent et les chiffres. Vous pouvez vous aussi tirer parti des secrets de marketing contenus dans ce livre. Comme le disait Bernard Tapie, "Le chemin est celui des maths". Pas les opinions.

Observez ce que les gens font avec leurs cartes de crédit. Regardez ce qui les pousse à voter avec leur carte de crédit et regardez ce qui ne l'est pas. Et c'est ainsi que vous allez apprendre. C'est ce sur quoi vous devriez baser votre jugement et vos opinions.

Mettez vos opinions de côté et n'ayez pas peur d'utiliser les méthodes qui sont appuyées par des millions d'euros de preuves.

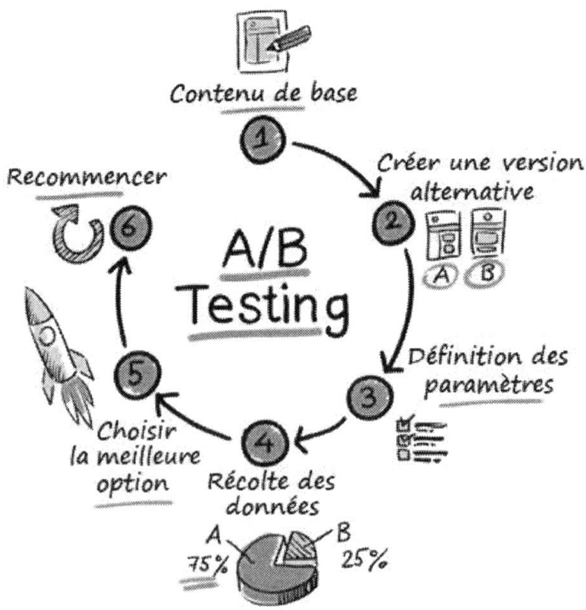

Secret 2

DÉLÉGUER LE MARKETING EST COMME DÉLÉGUER LE SEXE.

Déléguer Le Marketing Est Comme Déléguer Le Sexe.

Je m'explique. Déléguer le marketing de votre business est comme déléguer le sexe. Vous vous voyez déléguer le sexe pour satisfaire votre partenaire ? Faire venir une autre personne pour qu'elle s'amuse sur votre partenaire et fasse le boulot à votre place ? Non sûrement pas ! C'est la partie la plus agréable et la plus amusante. Et bien le sexe dans votre relation, c'est comme le marketing dans votre propre entreprise.

En couple, **vous avez des relations sexuelles et les résultats sont des bébés.** En business, **le marketing apporte de nouveaux clients.** C'est la partie la plus agréable et la plus amusante de la gestion de votre propre entreprise.

Une fois que vous avez des bébés, vous devez assister à des matchs de football, aider aux devoirs, regarder des concerts et des pièces de théâtre pénibles et changer tant de couches que vous n'y voyez plus clair. Vos enfants sont incroyables et bien sûr, vous les aimez, mais vraiment… Quelle est la meilleure partie de tout cela ? Vous pouvez toujours avoir des relations sexuelles avec votre partenaire.

Une fois que vous avez un flux régulier de clients, il y aura beaucoup à faire. Et certains propriétaires d'entreprise penseront, Eh bien, je devrais faire ça en externe et embaucher une agence de marketing parce que maintenant, je suis trop occupé avec mes clients. Et c'est une si mauvaise idée.

Vous êtes le visage de l'entreprise, vous la connaissez mieux que quiconque et les gens sont venus dans l'entreprise grâce à vous. L'externalisation du marketing ne vous conviendra pas à long terme. Votre attention doit toujours rester sur le marketing. Sur les façons cool et géniales d'attirer de nouveaux clients chaque jour. (Et dire que vous n'avez jamais besoin de les nourrir ou de changer leurs couches !)

Chaque entrepreneur OBSÉDÉ par le marketing, ont tous un point commun : ils ont un succès fou ! Si vous n'êtes pas encore obsédé, ce n'est pas grave. Continuez de lire. Continuez à apprendre et concentrez votre énergie sur l'amour dans les business, et vous deviendrez obsédé vous aussi.

Secret 3

LA POULE ET L'ŒUF DU MARKETING

La Poule Et L'œuf Du Marketing

Si vous lisez ce livre du début à la fin, vous penserez peut-être que je suis en train de m'acharner parce que ce chapitre est étrangement similaire au précédent, mais il en est ainsi pour une raison.

Si je ne parviens pas à vous faire comprendre que le marketing est l'élément vital de votre entreprise et de toute entreprise, vous perdrez beaucoup de temps et d'argent tout au long de votre parcours d'entrepreneur. En fait, votre parcours risque de s'arrêter parce que votre entreprise ne survivra pas.

L'autre soir, je suis allé à la salle de sport et je suis tombé sur un père qui travaille dans l'immobilier. Nous avons discuté et il m'a avoué qu'il avait vu les publicités de mon livre de marketing sur Facebook mais qu'il n'avait pas encore franchi le pas du marketing pour son entreprise.

Lorsque je lui ai dit que l'un des plus gros agents de notre région utilisait mon livre, il m'a répondu avec le commentaire classique du marketing de l'œuf et de la poule : "Eh bien, oui, il vend mille maisons par an, il peut donc se permettre de faire tout ce marketing en ligne."

La vérité, c'est qu'ils vendent mille maisons par an PARCE QU'ils font ce "marketing en ligne". Ce n'est pas du tout le scénario de la poule et de l'œuf. Oui, il faut dépenser de l'argent pour mettre la machine en marche. Et c'est angoissant de dépenser de l'argent pour le marketing au début, mais si vous croyez à 1000 % que le marketing et la vente sont la base de vie de votre entreprise, vous verrez que vous n'avez pas d'autres choix. C'est la première étape de l'entrepreneuriat. Apprenez le marketing et l'art de la vente. Il n'y a rien d'autre à faire.

Voici un exemple classique de création d'entreprise. Un homme travaille dans une fabrique de gâteaux et se dit : "Mon patron est un imbécile. Je pourrais faire des gâteaux mieux que lui !" Il quitte donc son emploi et ouvre une boulangerie.
Mais comme il n'est pas tombé amoureux du marketing, il pense que c'est sa capacité à faire de superbes gâteaux qui lui permettront de rester en activité. Dès le départ, il considère que son activité consiste à faire des gâteaux plutôt qu'à les VENDRE.

En 2008, lorsque l'économie s'est effondrée, un grand nombre d'entreprises ont décidé de réduire leurs coûts en diminuant leur budget de vente et de marketing. C'est comme si on coupait l'oxygène au cerveau. Au lieu de cela, elles auraient dû tripler leur budget de marketing et de publicité.

Les entreprises qui permettent à leur service marketing de devenir les rois et les souverains gagnent. Imaginez que votre service marketing soit une personne, faites-en le PDG. Donnez-lui la liberté d'entrer et de diriger tout et n'importe quoi, car c'est la source de votre succès. Vous n'avez pas à vous occuper de l'objet. Votre rôle est de vendre cette chose.

"Oui, mais il faut quand même avoir un bon produit ?"

Prenons les marques de luxes…
Prix de création du sac : 23€, valeur : 3 000€.
Un billet de banque : Prix de création : 0.13€, valeur : 500€.
Il y a aussi Gary Dahl qui vend des cailloux à 4 € l'unité pour un total de 5 millions de ventes !

Qu'appelez-vous "un bon produit" ? Quand le client est satisfait n'est ce pas ?

Et bien le marketing doit servir à persuader les clients qu'ils prennent la meilleure décision. Qu'ils font une bonne affaire et qu'il n'y a pas mieux sur le marché. C'est comme cela, qu'ils sont satisfaits.

Tout est dans la persuasion. Mais vous devez d'abord vous auto-persuader avant de persuader les autres.

Les formateurs "business" que je dénonce en permanence sur ma chaîne YouTube, ont souvent un marketing incroyable. Mais quand on découvre le contenu payant. On est vite déçu.

Le marketing ne doit pas s'arrêter une fois que le client achète, il doit continuer pour fidéliser.

Après avoir vu le contenu payant, je dois me dire :
"C'était incroyable ! Je rachète davantage chez lui !"
Plutôt que "C'est tout ? Je me suis encore fait avoir…"

Secret 4

LE DOCTEUR AVEC LA POMME AVAIT RAISON

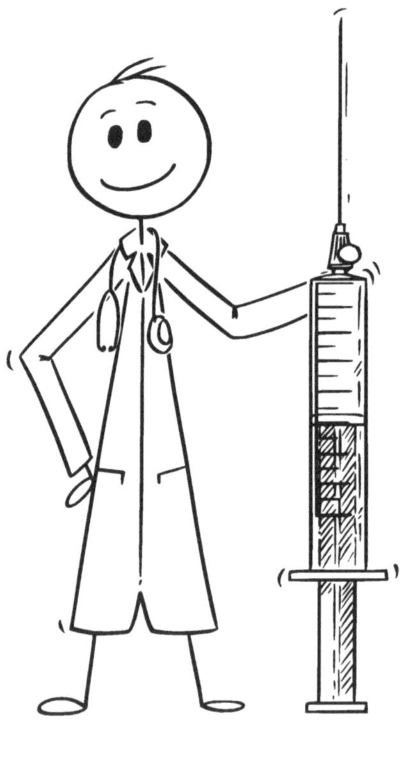

Le Docteur Avec La Pomme Avait Raison

Celui qui a dit "Une pomme par jour éloigne le médecin" était vraiment intelligent, parce que cela fonctionne dans le business de la même manière que pour notre corps.

Vous savez que je suis obsédée par le marketing. J'adore apprendre tous les nouveaux trucs, astuces et stratégies qui existent. J'ai écrit un livre intitulé "37 Manières d'avoir davantage de clients" qui maintenant contient prêt de 100 manières ! Parce que j'aime essayer de nouvelles choses tout le temps. Et ma plus grande passion est de les partager avec vous tous !

Aussi amusantes que soient les tactiques, la plupart d'entre vous devraient s'en tenir aux principes de base, en particulier lorsque vous débutez. Je vois tellement de gens qui passent tout leur temps à créer un processus de vente compliqué, bien plus compliqué que je ne le ferais moi-même, et qui se fâchent, se découragent et se concentrent sur tous ces petits détails.

Et avec un tunnel de vente compliqué, il y a environ 8 000 variables à vérifier, et c'est tellement déroutant et inutile.

Je sais, je sais, vous vous demandez : "Alors, quelle est la POMME en marketing ?"

Je vais vous le dire. C'est le webinaire.

Appelez-le masterclass, webclass, atelier en ligne, formation vidéo, livestream, peu importe. C'est VOUS, devant la caméra, qui vous adressez à votre public, une fois par semaine. Tout chef d'entreprise qui démarre devrait s'engager à créer un webinaire par semaine, en direct. Il se passera quelque chose d'extraordinaire lorsque vous ferez cela. (En fait, beaucoup de choses.)

- Vous deviendrez vraiment doué pour la vente.
- Vous consacrerez chaque semaine du temps à VENDRE.
- Vous passerez une bonne partie de votre semaine, à trouver du trafic.

- Vous adapterez et perfectionnerez votre webinaire parce que chaque nouveau public vous montrera quelque chose de différent.

Chaque dimanche, commencez à insister pour obtenir des inscriptions. Faites-le jusqu'au jeudi. Puis, le jeudi, vous vendez. C'est tout. Tout le monde est concentré sur le webinaire et sur ce qui se passe juste après. Du vendredi au dimanche, tout le monde consulte la rediffusion.

Vous envoyez des courriels, vous mettez en avant l'offre spéciale. Le dimanche, l'offre prend fin et vous réinitialisez le processus et recommencez.

Retour à l'essentiel. Un webinaire par semaine. Tout le monde devrait l'inscrire à son calendrier dès maintenant. Pas d'excuses.

Secret 5

CE QUE VOUS MESUREZ GRANDIT

Ce Que Vous Mesurez Grandit

Créez un tableau de bord pour votre entreprise afin de pouvoir mesurer votre croissance.

Si vous êtes comme moi, les chiffres et la comptabilité vous stressent probablement. C'est pourquoi nous préférons nous enfouir la tête dans le sable plutôt que de regarder les chiffres, n'est-ce pas ? Et bien, cela doit cesser si vous voulez grandir.

Sortez et procurez-vous un grand tableau blanc ou un tableau Excel (comme celui que vous avez utilisé pour les projets scientifiques). Vous allez créer un tableau de bord que vous pourrez voir tous les jours.

Choisissez les chiffres que vous voulez mesurer. Vous n'avez pas besoin d'être technique ou sophistiqué. Il s'agit simplement de chiffres comme le chiffre d'affaires, les prospects ou les nouvelles ventes. Choisissez les indicateurs que vous souhaitez voir et créez autant de colonnes que de catégories.

Mettez une sonnerie et chaque lundi ou vendredi, notez le chiffre. Ensuite, essayez de battre ce nombre chaque semaine. Vous pouvez vous concentrer sur une seule colonne à la fois. À la fin du mois, faites le total et inscrivez ce chiffre dans la dernière colonne.

Ensuite, vous pourrez également suivre mois après mois.

Il se passe quelque chose d'amusant lorsque vous vous concentrez à 100 % dans une seule direction. Vous essayez de dépasser vos propres objectifs. Les athlètes font cela tout le temps. Ils s'efforcent toujours de battre leurs meilleurs temps. C'est la même chose dans le business. Concentrez-vous sur vos indicateurs afin de vous surpasser chaque mois.

Tout ce sur quoi vous vous concentrez se développe.

Secret 6

ARRÊTEZ DE ROULER EN FORD FIESTA

Arrêtez De Rouler En Ford Fiesta

Vos compétences et les opportunités qui s'offrent à vous correspondent-elles ? Si ce n'est pas le cas, quelles que soient vos compétences, vous ne connaîtrez jamais l'argent et le succès que connaissent les grandes entreprises.

Vous est-il déjà arrivé d'accepter une opportunité qui ne correspondait pas à vos compétences ? C'est quelque chose que j'ai souvent fait.

De la négociation de matériel informatique au minage de cryptomonnaie. J'avais des compétences pour rouler en Ford Raptor, mais je les ai malheureusement appliquées à de nombreuses opportunités de Ford Fiesta. Jusqu'à ce que nous lancions notre société dans le marketing, il y avait un plafond à chacun de ces efforts qu'aucune stratégie ou compétence avancée ne pouvait surmonter.

Regardez les opportunités dans tout, pas seulement les business, mais vos opportunités relationnelles et vos opportunités spirituelles.

Êtes-vous à une opportunité de rouler en Ford Raptor dans tous les domaines de votre vie ? Si ce n'est pas le cas, changez. Pourquoi ? Parce que cela demande exactement le même effort que de rouler en Ford Fiesta. C'est ça qui est intéressant.

Que vous ayez une petite Ford fiesta ou un gros Ford Raptor, il vous faudra le même effort pour les conduire, mais l'un d'eux transportera beaucoup plus de personnes et de choses que l'autre !

Après avoir gagné beaucoup d'argent dans le minage de crypto monnaie, j'ai entendu parler d'un autre business. Le trading, c'était apparemment le rêve parfait pour faire fructifier tout ce que j'avais gagné. À cette époque j'étais facilement influençable. Tout le monde en parlait. Ça avait l'air si facile. Une courbe et hop, +15% !

La réalité, c'est que les influenceurs n'ont jamais gagné un rond en trading, mais plutôt dans les programmes de parrainage.

Mais ça, je ne le savais pas.

Alors je me suis lancé. J'ai persisté durant 6 mois.

J'ai encaissé mes pertes et j'ai rapidement changé de véhicule pour celui du marketing.

C'était la meilleure décision business de ma vie. Heureusement que je n'ai pas persisté plus longtemps dans le trading. J'étais face à des intelligences artificielles ultra sophistiquées et des traders avec 20 ans d'expérience !

Il m'aurait fallu 10 ans pour éventuellement commencer à gagner, mais dans 10 ans, les intelligences artificielles auraient largement prit le dessus.

Alors que dans le marketing, rien qu'en utilisant la stratégie de la page 53 de mon livre "37 manières d'avoir davantage de clients", vous pouvez facilement être rentable en 5 minutes.

5 minutes contre 10 ans. Voilà l'importance de choisir le bon véhicule.

Un jour, j'ai rencontré un chirurgien qui ne comprenait pas comment je pouvais gagner autant d'argent. Il m'a dit : "Je ne comprends pas ce que vous faites. Je suis allé à l'école pour toujours, j'ouvre les gens, je les opère et je fais toutes ces choses, mais vous gagnez manifestement beaucoup plus d'argent." Nous sommes entrés dans un débat et il m'a dit : "Comment peux-tu être plus intelligent que moi ?"

Bien sûr, ma réponse a été : « Tu te moques de moi ? Tu penses que je suis plus intelligent que toi ? Mec, t'es un putain de docteur. Vous ouvrez les gens. Vous disséquez des artères et les collez ensemble et sauvez des vies chaque jour. Tu es bien plus intelligent que je n'ai jamais rêvé d'être. Ce n'est même pas un concours. Mettez-nous lui et moi dans une pièce, demandez à n'importe qui. Tu es bien plus intelligent que moi. La seule différence est que le véhicule dans lequel j'ai choisi d'appliquer mes connaissances a la capacité de gagner plus d'argent. C'est ça. »

Je vous donne la permission dès maintenant de choisir consciemment les opportunités de votre vie. Des relations business à la vie personnelle et spirituelle, quelle qu'elle soit. Faites consciemment le choix.

Vous avez ma permission. Mon véhicule est celui du marketing.

Recherchez des opportunités comparables à un Ford Raptor.

Secret 7

DEVENIR ACHETEUR POUR DEVENIR VENDEUR

Devenir Acheteur Pour Devenir Vendeur

96% des entreprises font faillite.

Et vous savez qu'avant de pouvoir aller dans des restos chics sans vous soucier des prix, partir en vacances à l'autre bout du monde ou développer un capital qui protège votre famille... vous devez beaucoup sacrifier et beaucoup risquer. Et si ce n'était pas le cas ?

C'est l'entrepreneur de l'Idaho dont Forbes parlait qui m'a mis la puce à l'oreille.

Il expliquait comment il a gagné 360 millions de dollars... en laissant d'autres personnes prendre les risques.
Je répète : en laissant d'autres personnes prendre les risques à sa place !

Vous vous demandez : Comment c'est possible ?
Et est-ce que ça peut marcher dans ma situation personnelle ?
(Parce qu'on est tous différent) Je vais y répondre !

"Ça prend beaucoup de temps de réussir"

C'est probablement le MENSONGE qui m'a le plus plombé.
Alors que la solution était sous mes yeux depuis le début.
Voilà ce qu'on vous apprend...
Surtout si vous lisez des livres sur l'entrepreneuriat ou le business... ou pire si vous faites des études dans une école de commerce !

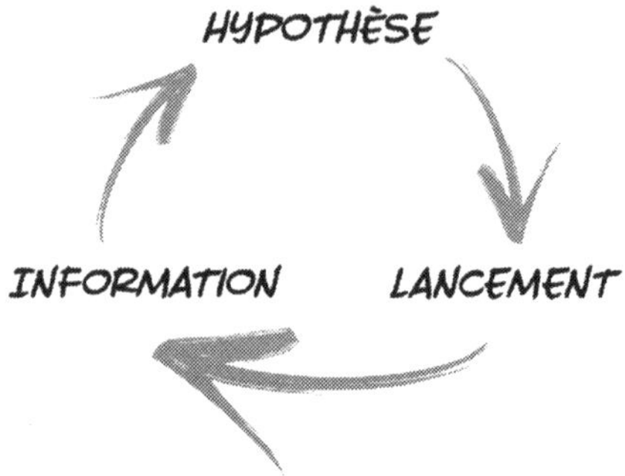

"Lean Startup"

1. D'abord vous devez proposer une hypothèse.
2. Puis fabriquer un site ou un produit pour vérifier cette hypothèse.
3. Et enfin, le marché vous dira ce qu'il veut. Si les gens achètent c'est bon. Sinon, il faut recommencer.

En général on recommence encore et encore... pendant des mois ou des années (où on est peu ou pas payé). Et à moins d'avoir une famille richissime pour vous financer, vous creusez vos pertes et votre compte est dans le rouge. Pour 90% des entrepreneurs, l'histoire s'arrête ici.

Si vous hésitez à jeter l'éponge... ou si vous n'avez jamais réussi à gagner de l'argent en ligne... vous allez avoir la solution.
La solution a été inventée par Christopher Colombus Langdell (1826-1906) un des cofondateurs de la très célèbre Harvard Business School.

Aujourd'hui Harvard Business School est l'université au monde qui a formé le plus de grands PDG ! Le professeur Langdell avait une idée très simple. Tellement simple qu'elle est presque tombée dans l'oubli.

Pour réussir... trouvez une personne qui a réussi, analysez les clés de son succès... et faites la même chose !

COPIER-COLLER UN BUSINESS QUI MARCHE DÉJÀ

99% des gens l'ignorent.
Apple, Facebook ou même des marques de luxe comme Fendi ou Gucci ont gagné des milliards en faisant exactement cela !

FENDI GUCCI

Vous pensez que c'est compliqué ?
Je vais vous montrer un business à 40 000€ par jour de revenu que vous pouvez copier-coller d'ici la fin de la semaine.
Pour schématiser, vous n'avez qu'à répliquer le modèle suivant :

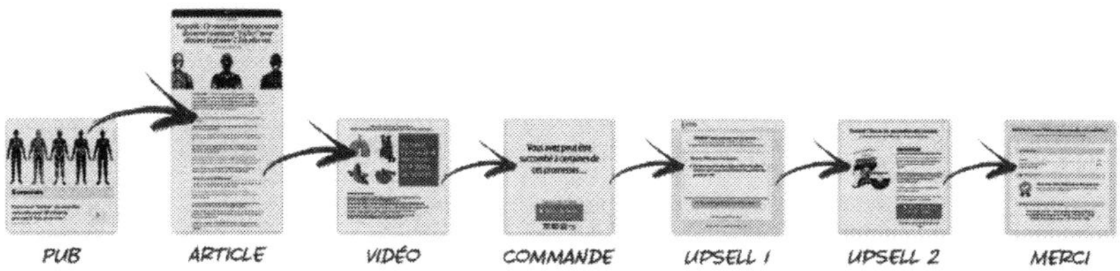

Mais à l'école on vous a dit que c'est mal de copier ?!
Pourtant... Pour vous et moi... ça pourrait être l'opportunité d'une vie.

Mais pour résumer cette méthode, on pourrait reprendre la célèbre phrase de Tony Robbins : « On reconnaît un pionnier au fait qu'il soit allongé par terre, mort avec des flèches dans le dos »

La première fois que j'ai lancé un business... j'y suis allé seul, j'ai suivi mon instinct et j'ai cru à ma bonne étoile. Ce "business" était supposé me faire gagner un revenu sur Internet et prouver à tous ceux qui se moquaient de moi que c'était possible de le faire.

Manque de bol... Après 2 ans de travail seul dans ma chambre... et toutes mes économies durement gagnées parties en fumée... j'étais toujours à la case départ.

Ça veut juste dire qu'il ne faut pas réinventer la roue. Ne pas chercher à être original ou innovant. Vous n'avez pas besoin d'avoir l'idée du siècle pour gagner plus de 10 000€ par mois sur Internet.
Cette leçon est la plus simple mais... Tout le monde l'ignore.

Mais vous devez vous demander si c'est légal ?
Il faut naviguer entre les dangers... Parce que les dangers sont réels.
Copiez-Collez légalement le business pour contourner tous les risques légaux.

Voici ce qui est interdit :

- Copier littéralement un tunnel de vente
- Voler le travail des autres mot pour mot
- Détourner les textes d'autres personnes
- Détourner les éléments visuels de quelqu'un d'autre
- Dupliquer les pages
- Cloner CHAQUE page d'un funnel
- Abandonner

Voici ce qui est autorisé :

- Comprendre le funnel
- Écrire votre propre texte
- Respecter le travail des autres
- Ajouter votre propre touche de créativité et d'originalité
- Trouver la bonne structure
- Tester... sans relâche
- Rassembler les idées de plusieurs marchés différents

Il y a quelque temps, j'ai payé 3 000 € pour faire partie d'un cerveau collectif. L'une des raisons pour lesquelles je l'ai fait était d'observer tous les processus et l'organisation qui m'ont poussé à en faire partie. Avec ces nouvelles connaissances, j'ai acquis assez d'information pour pouvoir recréer mon propre cerveau collectif.

Pour résumer, n'ayons pas peur d'investir. D'analyser ce qui nous pousse à acheter. Et de recopier légalement pour profiter des chemins déjà tracé par d'autres !

Secret 8

CE QUE VOUS DEVEZ FAIRE AVANT DE CRÉER

Ce Que Vous Devez Faire Avant De Créer

Arrêtez de créer des produits en premier. Créez plutôt le véhicule marketing. Si vous créez d'abord le produit, lorsque vous devez rédiger la page de vente, vous vous heurterez à un mur. Oh, mon produit ne le fait pas. Ça ne fait pas ça. Le nom ne sonne pas bien…

Votre page de vente puera la merde parce que vous travaillerez dur pour créer cette page étonnante, mais votre produit sera une déception. Il y aura des rochers sur votre chemin partout où vous regarderez.

Au lieu de cela, écrivez d'abord la lettre de vente. Proposez la meilleure offre, les bonus les plus fous et les garanties les plus folles auxquelles vous pouvez penser.
Écrivez sans frontières, la seule limite est votre imagination. Créez le meilleur véhicule de marketing pour votre produit imaginaire, et lorsque vous aurez terminé, vous aurez une lettre de vente incroyable.

Votre prochaine tâche consiste à faire en sorte que le produit soit à la hauteur de la lettre de vente. Nous l'avons fait avec ce livre. Bien sûr, la première version n'était pas aussi bonne que celle ci, mais elle s'est améliorée. Nous nous efforcions de vendre un produit remplissant toutes les fonctionnalités étonnantes répertoriées sur la page de vente.

Cette progression continue était en fait PLUS FACILE à faire et s'est produite PLUS RAPIDEMENT parce que nous avions de l'argent en banque grâce à la vente continue de mes autres livres déjà publiés. Nous pourrions nous déplacer, travailler et nous développer plus rapidement grâce aux flux de trésorerie générés par les acheteurs.

Certaines personnes pensent que cela est trompeur ou frauduleux, mais ce n'est pas le cas. Pensez à la façon dont les collèges remplissent leurs salles de classe. Les gens paient parfois leurs cours six mois à l'avance, avant d'assister aux cours en direct avec le moniteur. Il n'y a rien de bizarre à pré-vendre un cours ou un produit, puis à livrer le produit en direct et en temps réel.

Cela peut sembler aberrant, mais c'est une façon de garantir des ventes réussies. Écrivez d'abord la page de vente, développez le produit deuxième.

Secret 9

LA ZONE PROLIFIQUE

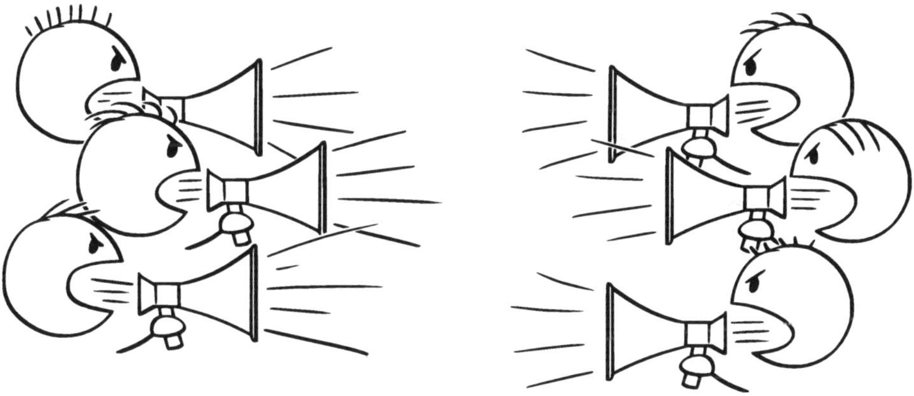

La Zone Prolifique

Il y a trois zones : la zone folle, la zone saine et la zone prolifique. Une seule des zones gagne de l'argent. Devinez laquelle ?

À l'école, vous avez appris la nutrition. La pyramide alimentaire et les groupes d'aliments et les calories, etc. C'est vraiment ennuyeux. C'est vraiment commun. Nous appelons cela la zone saine. Tout le monde le sait, et il est vraiment difficile de vendre tout type d'info produit qui enseigne ce que tout le monde sait déjà.

La zone folle est à l'extrémité opposée. Ce sont les idées farfelues que vous voyez avec les images "putaclique" au bas des articles de blog. La zone folle pour la nutrition et la perte de poids pourrait être des choses comme la chirurgie, la liposuccion ou l'obtention de tous les nutriments du soleil. (Comme je l'ai dit… fou.) Vous aurez quelques acheteurs ici, mais la plupart du grand public n'achèteront jamais.

Au milieu de ces deux extrêmes se trouve la zone prolifique. Mettre du beurre dans son café pour perdre du poids, c'est la zone prolifique.

Ce n'est pas la zone saine où personne ne vous donne de l'argent, mais ce n'est pas fou où les gens vont penser que vous êtes barjo.

Le point idéal se situe entre les deux extrêmes. C'est là que votre entreprise doit vivre. J'ai des amis qui sont formidables pour aider les gens à perdre du poids, mais ils sont tellement grand public qu'il leur est difficile de faire passer un message parce que c'est le même que tout le monde.

"En voulant viser tout le monde, on ne touche personne"

Si vous voulez que votre message grandisse, s'étende, soit partagé et devienne viral, il doit tomber dans la zone prolifique.

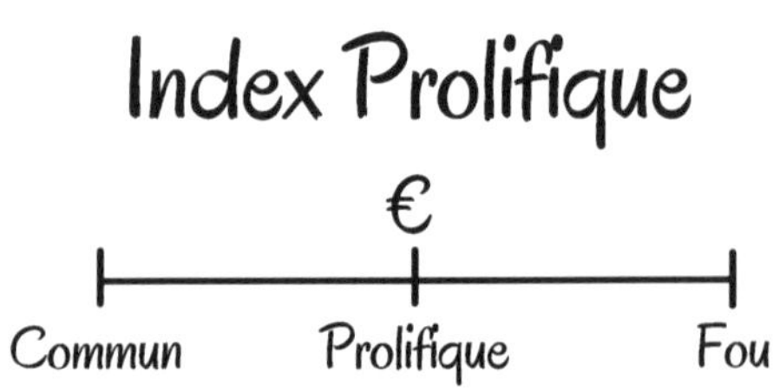

Secret 10

EN ÊTES VOUS FIER ?

En Êtes Vous Fier ?

Il y aura des moments dans le business où vous ne serez pas sûr d'avoir « fini ». Pas sûr si votre produit ou service est parfait ou assez bon pour le marché. Mon père m'a appris une leçon importante sur le fait de savoir quand publier quelque chose.

Mes parents étaient vraiment doués pour nous donner des corvées et s'assurer que nous travaillions et étions productifs au sein de notre famille. Un samedi, alors qu'ils distribuaient les corvées à tout le monde, ma corvée était de laver sa voiture.

J'ai donc lavé l'extérieur et j'ai lavé l'intérieur. J'ai pulvérisé les fenêtres rapidement et j'ai fait quelques autres choses. Puis je suis entré et j'ai dit : « D'accord, papa, j'ai terminé. Veux tu venir le voir ? »

Je n'oublierai jamais ce qu'il a dit. « Natan, en es tu fier ? Si tu en es fier, tu as terminé. » Bien sûr, je savais que j'avais un peu bâclé les coins parce que je voulais en finir avec les corvées et faire des bêtises avec mes amis. Peut être que c'était un moyen de me faire culpabiliser, mais ça a marché.

Je suis retourné dehors pour revoir mon travail et j'ai réalisé que je n'en étais pas fier. J'avais fait la moitié du chemin. J'ai donc continué à nettoyer la voiture plus en profondeur, puis je suis retourné lui demander à nouveau. La fois suivante où il m'a demandé si j'en étais fier, j'ai pu répondre oui.

Il a dit : « Bien. Ensuite, tu as terminé. »
A quoi j'ai répondu : « Tu veux venir voir ? »
Et il a dit : « Non. Si tu en es fier, alors ça doit être assez bien. »

En marketing, vous serez tenté de bâcler les détails. Soyez toujours fier de votre travail et vous aurez toujours un moyen de savoir quand votre produit ou service est prêt pour le marché. Cette confiance et cette fierté vous rendront 1 000 fois plus efficaces dans la vente.

Secret 11

DEVENIR ANTI-ARNAQUE

Devenir Anti-Arnaque

Occupez vous des acheteurs, pas des voleurs.

Les gens peuvent copier vos trucs, mais ils ne peuvent pas copier votre feu. Lorsque nous avons lancé ce livre pour la première fois, j'avais peur. Je me souviens avoir dit à mon pote entrepreneur Dimitri : " Je suis nerveux au sujet de mes concurrents. Et s'ils copiaient mon livre ? " De toutes façons, le livre était vendu à tout le monde, même aux concurrents !

C'est alors que je me suis souvenu de quelque chose que Jonathan Hatchi avait dit sur un podcast. "Ils ne peuvent pas copier votre feu, votre message, votre communauté ou votre éthique de travail."

De nombreux éléments qui entrent dans la croissance d'un empire sont intangibles. La connaissance et l'information sont partout. En fait, je pense qu'il n'y a probablement RIEN que quelqu'un ne pourrait pas comprendre par lui même sur Google ou YouTube. Donc, si vous pensez avoir un secret sur le marché de la connaissance ou de l'information, vous allez toujours avoir peur.

Concentrez vous sur les parties de votre entreprise qui sont protégées contre la copie.

Développer votre équipe, votre éthique de travail, votre caractère, votre message et votre ambiance. Les gens qui vont vous arnaquer le feront de toute façon, et vous perdrez tellement de temps et d'énergie à chasser ces fantômes.

Au lieu de cela, créez des produits et des services pour vos acheteurs. Les voleurs ne sont pas les personnes avec lesquelles vous voulez travailler de toute façon. Les clients que vous voulez sont ceux qui vont payer pour votre temps et vos informations car ils savent que cela en vaut la peine.

Secret 12

LE MANIFESTE

Le Manifeste

Les gens ont peur d'aller de l'avant parce que l'avenir est inconnu.

Créez un manifeste qui décrit votre cause et montre votre vision de l'avenir afin qu'ils soient obligés d'agir.

Dans le film Jerry Maguire, Tom Cruise s'assoit et rédige un manifeste de ce qu'il pense que son équipe devrait être, et il le distribue à chaque joueur. C'est le tournant. Tout le monde est soit avec lui, soit contre lui, et la plupart des gens sont contre lui... sauf Renée Zellweger. Ce document a incité les gens à agir, à s'éloigner ou à se rapprocher de sa cause.

Chaque entreprise a besoin d'un manifeste. Un document qui décrit ce qu'ils croient, qui ils sont et qui ils ne sont pas. C'est la fameuse ligne dans le sable qui repoussera les gens qui ne sont pas vos clients et attirera ceux qui le sont.

Asseyez vous et écrivez le vôtre. Imaginez que vous êtes Jerry et que vous en avez marre de votre industrie. Annoncez au monde qui vous êtes, ce que vous représentez et pourquoi votre mouvement est meilleur que celui de votre ennemi.

Secret 13

LA VENTE EST LA SEULE CHOSE QUI COMPTE

La Vente Est La SEULE Chose Qui Compte

Michael Masterson a écrit un livre intitulé Prêt, Tirer, Viser et il y dit :

« La seule chose qui compte, si vous voulez passer de zéro à un million de dollars, ce sont les ventes. Les ventes sont la seule chose qui compte. »

La plupart des gens qui démarrent en business se concentrent sur la perfection de leur site Web, la mise en place du bureau, l'embauche de personnel, l'image de marque, la conception de logos, etc. La seule chose sur quoi vous devez vous concentrer doit se diriger vers le centre de la cible qu'est LA VENTE.

Lorsque vous commencez à vendre, vous allez voir ce qui fonctionne et ce qui ne l'est pas. C'est de loin la meilleure façon de commencer à grandir.

La vente en ligne se fait de plusieurs façons. Pages de vente, webinaires, réseautage, coentreprises ou lettres de vente vidéo. Concentrez vous pour mettre en place votre mécanisme de vente, puis faites le. Perfectionnez en un, puis ajoutez en un autre si nécessaire.

Je recommande aux start ups de passer une bonne journée par semaine à vendre.

Faites un livestream, un hangout, un webinaire. Et assurez vous que tous les membres de votre personnel et au bureau se concentrent sur la seule tâche de réaliser des ventes. Si vous sentez que votre entreprise passe un mauvais mois, arrêtez de faire toutes les tâches qui vous privent de votre capacité à vendre. Restez dans la zone de vente jusqu'à ce que vous atteigniez 1 million d'euros de ventes.

Tout le monde dans votre entreprise doit savoir que sa première priorité, quel que soit son poste, est de VENDRE.

C'est tout ce qu'on peut en dire. C'est simple. Concentrez vous sur la vente. Passez y tout votre temps.

La vente est tout ce qui compte jusqu'à ce que vous atteigniez 1 million d'euros.

Secret 14

POURQUOI LA PROMOTION EST SI IMPORTANTE

Pourquoi La Promotion Est Si Importante

Ne supposez pas que tous les membres de votre réseau et de votre liste mail ont entendu votre annonce. Vous seriez surpris du nombre de personnes qui sortiront du bois si vous mettez un point d'honneur à faire une promotion fréquente et régulière.

Après un an et demi à parler sans cesse de mes livres et à en faire la promotion de toutes les manières possibles, notre équipe a décidé de faire un dernier webinaire en direct avant de changer l'offre et le prix. Je pensais que nous n'aurions que quelques dizaines de personnes à se présenter. Après tout, je parlais constamment de mes livres et je supposais que tout le monde les possédait.

Imaginez ma surprise quand nous avons eu plus de 750 inscriptions au webinaire et réalisé près de 15 000 euros de ventes ! La même offre dont nous faisions la promotion depuis deux ans et demi a explosé. Pourquoi ? Parce que nous avons décidé d'en faire un événement.

Les webinaires sont de puissants outils de vente. Les webinaires en direct encore plus. Je vous recommande de faire votre webinaire EN DIRECT pendant au moins un an avant de l'automatiser. Et même lorsque vous décidez de l'automatiser, assurez vous de toujours organiser des événements en direct. Rien ne se vend mieux que de vraies personnes créant le buzz autour d'un événement en direct.

Je me souviens avoir entendu Jonathan Hatchi parler de la fréquence à laquelle il envoyait à sa liste email. (C'est beaucoup, comme neuf fois par jour. Je n'ai jamais fait ça !). Il est dans la niche du relationnel.

Il a dit : " Nat, tu dois comprendre. Mes abonnés, ils sont sur ma liste uniquement à des fins de divertissement. La plupart d'entre eux ont des copines et ils veulent apprendre des choses, mais ils ne souffrent pas. Ce n'est que lorsque quelqu'un lui brise le cœur qu'il a besoin de mes produits. Quand leur petite amie rompt avec eux, c'est là que ce que je vends vraiment. Je dois m'assurer qu'à la seconde qui arrive, je suis en haut de leur boîte de réception. Si cela se produit à midi et que quelqu'un d'autre est en haut de sa boîte de réception, il achètera cela à un autre mec.

J'envoie régulièrement des e-mails, donc chaque fois que la rupture se produit, chaque fois que le chagrin d'amour, chaque fois que la douleur survient, c'est à ce moment là que vous voulez être au centre des préoccupations. "

Vous ne savez jamais quand votre public souffrira et sera prêt pour ce que vous proposez, alors faites la promotion souvent et régulièrement.

Secret 15

ATTENDEZ VOUS À FAIRE DEUX CYCLES

Attendez Vous À Faire Deux Cycles

Lorsque vous réussissez votre première grande entreprise, vous pensez que vous êtes invincible.

Une fois, j'ai traîné avec ce grand spécialiste du marketing, Dimitri Zegrar, et il m'a dit : "Je refuse de travailler avec des entrepreneurs qui pensent qu'ils sont plus cool qu'ils ne le sont."

Il a poursuivi en expliquant le concept du cyclisme. Tant de choses dans les affaires échappent à notre contrôle. Lorsque nous touchons gros la première fois, le danger est que nous sommes trop arrogants à propos de notre propre génialité. Nous ne voyons pas tous ces autres facteurs qui ont contribué à notre succès.

Ce n'est que lorsque vous touchez le fond, que vous vous reconstruisez, et peut être même que vous touchez à nouveau le fond, que vous recevez le don de l'humilité. Le genre d'humilité qui vous permet d'avoir le genre de succès dont la plupart d'entre nous ne font que rêver. C'est ce qu'on appelle le cyclisme, et ce n'est pas amusant.

Ne pensez jamais que vous êtes trop “grand” pour parler à quelqu'un. Ne pensez jamais que les gens devraient vous reconnaître ou savoir qui vous êtes. Si vous n'avez pas encore fait de vélo, vous allez le faire. Si vous êtes stupide comme moi, vous ferez du vélo deux fois. J'ai appris à être assez humble pour l'accepter quand ça vient. À me dépoussiérer. À me relever et à m'assurer que je prends soin des miens pour que quand nous passerons au prochain cycle, les gens que j'aime et dont je me soucie sont toujours là.

Je ne veux pas que quiconque fasse du vélo bien sûr, parce que ça craint. Il y a une façon de l'éviter, et c'est de surveiller votre fierté. La fierté garantit presque que le cycle vous arrivera, alors faites tout ce que vous avez à faire pour rester humble et enseignable.

Secret 16

PLOMB OU OR

Plomb Ou Or

Combien de projets sur votre “To Do List” n'avez-vous pas encore lancé parce que des choses se sont mises en travers de votre route ?

Quand je créais des publicités pour des grandes entreprises, je devais régulièrement finir le montage en quelques heures. Fou, non ? Beaucoup d'entre vous demandent : "Comment terminer un montage professionnel en une journée, Natan ?" C'est ce qu'on appelle être monteur pro, et cela implique des années d’entraînement. C'est possible (bien que légèrement fou), mais l'un des facteurs clés d'un montage réussi comprend un délai. Si je n'avais pas eu de délais à un moment précis, je n'aurais jamais fini le montage. Peut-être en 3 semaines… Mais parce que je me suis concentré, une heure avant la fin, je montais comme Superman.

Si je n'avais pas eu de date limite pour lancer ce livre, cela n'aurait jamais été fait. Et peu importe si votre délai est d'une semaine, d'un mois ou d'un an, vous passerez des nuits blanches et ferez tout ce qu'il faut pour y arriver.

Il y a longtemps, j'ai regardé un reportage de marketing. Ils parlaient du concept d'or ou de plomb. Des Mexicains qui peuvent être des seigneurs de la drogue. (Accrochez-vous à cette analogie.) Lorsque les seigneurs de la drogue mexicains ont voulu modifier une loi, ils n'ont pas utilisé la voie traditionnelle consistant à passer par le Congrès.

Au lieu de cela, ils pénétraient par effraction dans la maison du politicien, trouvaient le directeur et lui donnaient un sac d'argent et une arme à feu. Vous avez deux options. Vous devez changer une loi. Vous pouvez le faire à travers l'or ou le plomb. Soit on vous tire dessus et vous mourrez, soit on vous soudoie et vous changez la loi.

Lorsque vous avez ces deux options, le plomb ou l'or, que choisir ? Vous allez toujours choisir l'or, n'est ce pas ? C'est une évidence et c'est ce qu'ils ont fait. Si vous ne vous poussez pas avec des délais de plomb ou d'or, vous n'y parviendrez pas.

Faites ce que vous avez à faire pour transformer vos échéances souples en échéances difficiles. Annoncez le sur les réseaux sociaux ou à votre liste. Mettez votre parole en jeu. Créez un grand événement. Accrochez des récompenses massives au mur. Plomb ou or. Cela vous aidera à éliminer toutes les conneries inutiles que vous pensez devoir faire avant de vous lancer.

Secret 17

LA MÉTHODE SUR-PERFORMANTE

La Méthode Sur-Performante

Les Surperformants ont un secret dont nous pouvons tous apprendre : ne pas tomber amoureux d'un produit ou d'une idée, mais plutôt d'un marché en plein essor.

Il y a ce toboggan perdu dans l'Ardèche. C'est au bord de l'autoroute au milieu de nulle part. Le gars qui l'a construit a fait faillite parce qu'il avait cette idée géniale pour un parc aquatique, mais il n'a pas réalisé qu'il n'y avait pas de ville ou d'attractions touristiques à proximité. Pas même une sortie facile d'accès de l'autoroute donc personne ne s'en souciait ou ne savait même pas que c'était là.

Et c'est triste, parce qu'il était tellement excité et enthousiaste à propos de sa bonne idée, mais il n'y avait pas de marché.

Je vois cela encore et encore. Un gars m'a invité à venir à un séminaire.

J'ai essayé de l'en dissuader, mais il était convaincu que son idée d'un produit pour chef scout serait incroyable. Pauvre homme. Je me sentais mal. Il n'arrêtait pas de dire : « Il y a un marché que personne n'exploite encore... » Si vous pouvez dire cela de votre idée, ayez peur.

La concurrence est la preuve qu'il existe un marché. Vous ne voulez pas apporter un produit sur le marché que personne d'autre n'a.

Alors, qu'est ce que la méthode "Surperformante" ? C'est simple.

#1 : Trouvez un marché chaud
#2 : Demandez leur ce qu'ils veulent
#3 : Donnez leur.

Ne laissez pas votre désir d'être unique ou innovant vous aveugler sur le fait qu'il doit y avoir un marché chaud si vous voulez avoir une chance de réussir sur Internet. Et il y a un secret super génial et infaillible dans la méthode Surperformante.

Si vous vous attachez au marché plutôt qu'au produit, vous ne vous soucierez pas de savoir si votre première idée n'est pas une réussite. Comme vous êtes attaché au marché, vous continuerez à apprendre à le connaître et vous finirez par créer un produit qu'ils seront prêts à acheter !

Secret 18

PROTÉGEZ VOTRE ESPACE DE STOCKAGE

Protégez Votre Espace De Stockage

Qu'est ce que cette nouvelle idée d'entreprise ou cet objet brillant vous coûte en termes de focus ?

Un magasin comme Leclerc n'a qu'un certain nombre d'étagères. Chaque article placé sur leurs étagères est évalué avec précision en fonction de ses performances.

Si un produit ne fonctionne pas bien, il est retiré de l'étagère pour faire place à une meilleure option. Ils font attention leur espace de stockage.

Mais en ligne, il est plus difficile de voir ce principe en action. Nos produits sont numériques. Notre espace d'étagère est entre nos oreilles, dans nos esprits. Il est arrivé un moment dans mon entreprise où j'ai réalisé à quel point le fait d'avoir nos mains dans tous ces projets, limitait notre capacité à développer notre projet principal. J'ai dû protéger mon espace de stockage et abandonner de nombreux projets pour garder clair notre projet principal.

Le plus dur pour nous, les entrepreneurs, c'est que nous avons tellement de bonnes idées qu'il est difficile de les considérer comme indignes. Ils sont pas mal du tout ! Mais dans une mer d'idées, les idées simplement bonnes deviennent de véritables ennemis des grandes.

Nous devons être impitoyables avec notre espace mental et nous rappeler que tout ce sur quoi nous nous concentrons, c'est ce qui va grandir.

Faites l'inventaire de votre magasin et débarrassez vous de tout ce qui n'est pas très performant.

Secret 19

POLARITÉ

Polarité

Vous devez rester au sommet de l'esprit de vos clients, tout le temps. Et puisque personne ne parle d'entreprises fades et ennuyeuses, c'est à vous d'être spécial et unique.

La polarité est le contraire de la neutralité. Ce concept est difficile pour certaines personnes car elles ne supportent pas d'offenser qui que ce soit. Vous êtes en business pour gagner de l'argent, pas pour rendre tout le monde heureux. Plus facile à dire qu'à faire, je comprends. Mais vous devez.

Regardez Andrew Tate. Aimez le ou détestez le, les statistiques montrent que la personne moyenne qui a aimé son podcast a écouté pendant 35 à 40 minutes à la fois, mais ceux qui l'ont détesté ont écouté pendant une HEURE. Lorsque les deux publics ont été interrogés, la réponse était la même : ils voulaient entendre ce qu'il allait dire ensuite.

Mon mentor Tugan Bara dit : “ Si vous n'avez pas offensé une dizaine de personnes chaque jour, vous ne le faites pas le boulot correctement.”

Le fait intéressant à propos de la polarité est que lorsque vous faites en sorte qu'un groupe de personnes ne vous aime pas, les personnes qui vous aiment commencent à vous aimer 10 fois plus ! Les gens qui sont amoureux de vous dépenseront plus d'argent et le dépenseront plus souvent.

Maintenant, il y a une bonne et une mauvaise façon de faire de la polarité. La bonne façon est de prendre position sur un problème, de faire ce qu'il faut et de le soutenir. La mauvaise façon est de créer une campagne de diffamation ou de haine contre un concurrent juste pour faire du bruit sur le marché. Ne cherchez pas les ennuis. Soyez simplement vous même et n'ayez pas peur d'être excitant, controversé ou excentrique !

Secret 20

LA LOI DU MARKETING SEMER + RÉCOLTER

La Loi Du Marketing Semer + Récolter

Quand j'ai commencé le Karaté, j'étais vraiment mauvais. Même si j'ai remporté toutes sortes de championnats, ce n'était pas grâce à un talent brut. J'ai commencé à sucer royalement.

Je savais que je devais trouver un mentor pour m'améliorer, alors j'ai trouvé un gars qui était meilleur que moi. J'ai fait tout ce que mon ami Léon (nom changé) a fait. Nous allions sur la piste et courions, et il ralentissait et prenait des raccourcis. Je me souviens avoir pensé, Huh... peut être que si tu es bon, tu peux prendre des raccourcis. Ça ne doit pas avoir d'importance quand tu as du talent. J'ai suivi Léon et j'ai fait tout ce qu'il a fait.

Devinez ce qui s'est passé quand je suis allé à un tournoi ? J'ai vu Léon se faire secouer comme une petite fille. J'avais choisi le mauvais mentor. Je ne pouvais pas m'attendre à faire ce que Léon a fait et à obtenir un résultat différent.

C'est la loi des semailles et de la moisson. Certains principes dans ce monde fonctionnent tout simplement. Peu importe dans quelle industrie vous vous trouvez, le principe s'applique toujours et reste vrai 100 % du temps. Le secret est donc de trouver quelqu'un qui a le résultat que vous voulez, de le suivre et de semer dans votre vie les mêmes choses qu'il a semées dans la sienne.

Le prochain mentor que j'ai choisi était Maître Deth Signavug. Il a été un grand champion du monde. J'ai réalisé qu'il avait une récolte que je voulais : champion. J'ai donc regardé ce qu'il avait traversé pour obtenir cela. J'ai examiné son éthique de travail, j'ai regardé ses séances d'entraînement et ses mouvements. Et je l'ai suivi. Deux ans et demi après avoir pris cette décision, je suis devenu ceinture noir et champion de Karaté. Il s'agissait de trouver quelqu'un qui avait déjà ce que je voulais et de le modéliser.

Allez trouver une entreprise avec un résultat que vous voulez. Observez et modélisez pleinement ce qu'ils ont fait pour réussir. Vous devrez semer les mêmes graines dans votre entreprise. Cela peut prendre 1 an, 2 ans ou 10 ans, mais la loi des semailles et des récoltes fonctionnera toujours.

Finalement, vous récolterez ce que vous avez semé !

Devenir un Expert

Introduction

Le business devient moins transactionnel et plus transformationnel.

Il s'agit de rassembler les gens et les clients, de créer une communauté et de trouver comment les servir au plus haut niveau possible. Une partie du succès de mes livres est directement liée à mon positionnement en tant qu'expert en marketing. Je donne, j'enseigne, j'inspire et cela crée une culture qui produit des fans fidèles plutôt que des clients apathiques.

Il existe des marques de plusieurs milliards de dollars qui créent une culture grâce à des personnages attractifs. Pensez à Elon Musk. Il est l'exemple parfait d'un empire dirigé par lui même en tant qu'expert, gourou, personnage séduisant.

Amazon, Apple, Microsoft, CocaCola. Au sommet de ces organisations se trouve un expert (ou plusieurs experts).

Les 20 prochains secrets sont destinés à vous aider à vous positionner en tant qu'expert dans votre entreprise, et peu importe le type d'entreprise dans laquelle vous vous trouvez. Chaque entreprise peut utiliser un expert pour attirer les gens, fidéliser la clientèle, et aidez les à acheter chez vous encore et encore.

Secret 21

LE POUVOIR DU RARE

Le Pouvoir Du Rare

Donnez trop d'accès à vous-même et à vos produits et vos abonnés s'ennuieront.

Quand je suis entré dans ce business, j'ai commencé à parler comme un moyen d'acquérir une expertise et une crédibilité. La toute première interview à laquelle j'ai pris la parole était incroyable, parce qu'ils m'ont présenté comme ce type underground rare qui ne parle jamais. Les réactions ont été incroyables. Au fur et à mesure que je parlais, faisant le tour de toutes les interviews que je pouvais, ma rareté a commencé à diminuer... et les réactions aussi.

L'offre et la demande sont un principe économique que nous comprenons tous. Prenez l'engouement pour le Bitcoin. L'offre est limitée, donc la demande monte en flèche, n'est ce pas ? Les gens paient des milliers de dollars pour une seule pièce.

Plus l'objet est rare, comme une réplique originale d'un tableau ou la première édition d'un livre, plus il est précieux. Une nuit, j'étais debout tard sur eBay et j'ai trouvé le livre Psycho cybernétique. Il manquait quatre chapitres et je l'ai donc laissé tomber (mais pas avant de l'avoir mis sur ma liste de surveillance).

Je suis revenu un peu plus tard et j'ai vu que quelqu'un d'autre l'avait sur sa liste de surveillance. C'était unique en son genre. Maintenant, j'étais intéressé. VRAIMENT intéressé. Même avec le prix élevé et les chapitres manquants, je ne pouvais pas laisser passer ça. Alors je l'ai acheté.

Si vous essayez d'augmenter les prix de vos services, appliquez la stratégie de la rareté pour créer plus de demandes. Cela peut se faire par le biais de listes d'attente, d'opportunités d'appels limitées ou même par l'embauche d'un contrôleur pour filtrer vos emails et vos prospects.

Si vous êtes un blogueur ou un infopreneur, commencez à écrire moins. Engagez des experts invités pour gérer le contenu afin que lorsque vous publiez quelque chose que vous avez écrit vous même, il sera plus précieux.

Un de mes mentors, Tugan Bara, parle de se positionner comme le gourou sur la montagne.

Pas d'une manière étrange "je suis parfait", mais pour créer une distance avec votre public afin qu'il doive payer plus à mesure qu'il se rapproche de vous.

Les gens peuvent voir où vous êtes, mais ils ne peuvent pas vous joindre directement. Ils doivent acheter des choses pour se rapprocher de plus en plus de vous. L'entreprise de Tugan propose une newsletter à 40 € ou 50 € par mois, une newsletter à 200 € par mois et un groupe de cerveau. Plus vous payez, plus vous vous rapprochez du gourou, Tugan.

Bien sûr, certains poussent ce principe à l'extrême et, par conséquent, se déconnectent de leur public. Vous ne voulez pas devenir sans intérêt ou impossible à atteindre. C'est toujours un équilibre. Les meilleurs spécialistes du marketing sont ceux qui peuvent garder des idées « contradictoires » dans leur esprit et exécuter les deux avec un équilibre.

Essayez de rendre quelque chose de rare en supprimant l'offre et regardez les prospects désintéressés devenir des clients enthousiastes.

Secret 22

DEVENIR UNE PERSONNE DE VALEUR

Devenir Une Personne De Valeur

"N'essayez pas de devenir une personne qui a du succès, mais essayez plutôt de devenir un homme de valeur." Albert Einstein

Lors d'une réunion, un jour, mon ami Adrien a dit quelque chose de vraiment profond sur le fait de devenir un expert.

Lorsqu'il s'est lancé dans son business, il n'a pas immédiatement cherché les personnes qui gagnaient le plus d'argent. Il regarda autour de lui et chercha ceux qui lui avaient donné de la valeur dans sa vie et ses business.

Ceci est une citation directe de l'un de ses discours lors de notre réunion :

'J'ai commencé à faire des recherches sur ce que cela signifiait d'être une personne de valeur et c'est à ce moment là que j'ai commencé à regarder autour de moi en me demandant qui sont les personnes qui ajoutent de la valeur à ma vie ? Et ces personnes, en 2012, étaient des podcasteurs. J'étais comme, ces gens ajoutent de la valeur gratuite à ma vie et ils sont incroyables !'

Cela a conduit Adrien à lancer son propre podcast afin de pouvoir créer un contenu gratuit, précieux et cohérent. Cinq ans plus tard, il possédera l'un des podcasts les mieux notés, une audience de centaines de milliers de personnes et une entreprise de plusieurs millions d'euros.

Alors quel est le secret ? Ce n'est pas que vous devriez commencer un podcast (bien que vous le devriez). C'est que lorsque nous voyons le succès, nous courons droit au but, au lieu de regarder le chemin qui nous mène au succès que nous voulons, le chemin pavé de valeur et d'expertise.

A partir du moment où j'ai commencé à me lever tôt le matin et à le montrer sur Instagram, les abonnés ont commencé à avoir du respect pour moi. De ce fait, ils ont davantage acheté.

Si vous souhaitez devenir un expert et développer un public qui vous fait confiance et achète chez vous, faites en votre priorité absolue d'être une personne de valeur dans sa vie !

Secret 23

PRÉSENTATION DE VOTRE PERSONNAGE ATTIRANT

Présentation De Votre Personnage Attirant

Les gens achètent à ceux qu'ils aspirent à ressembler.

Mon frère et moi sommes allés à un concert d'un DJ un été (Au Grau-du-Roi pour les connaisseurs). Il danse et mixe des musiques et c'est un excellent exemple de mélange de deux choses pour se démarquer. Mais il a fait quelque chose lors de son concert qui montre à quel point le modèle du personnage attirant est puissant pour créer des liens avec votre public.

D'abord, il est sorti et a joué deux ou trois chansons. Les gens étaient époustouflés et devenaient fous. Mais il avait besoin de faire une petite pause pour changer de tenue. Alors qu'il quittait la scène, un écran est apparu avec un clip vidéo et cela a commencé par :

Je ne pense pas que nous ayons encore été officiellement présentés...
C'était un film montrant sa vie de bébé, d'enfant, d'adolescent et de jeune adulte. Il a montré ses pratiques et son parcours pour devenir la rock star qu'il est aujourd'hui. En trois minutes, elle a créé un lien avec son public qui n'a fait que l'aimer davantage !

Répliquez la même chose en ligne avec vos offres. Le DJ a d'abord joué deux ou trois chansons.

Il a donné au public ce qu'il voulait et ce pour quoi il était venu. Faîtes la même chose. Peut être qu'ils veulent un cadeau gratuit ou un téléchargement ou quel que soit votre appât. Une fois que vous les avez aspirés, BOUM ! C'est à ce moment là que vous montez d'un niveau en introduisant votre personnage attirant.

C'est un processus en deux étapes parce que vous devez d'abord diriger avec ce qu'ils veulent.

Utilisez ce qui convertit le mieux, même si ce n'est pas exactement l'aspect ou la sensation qui correspond à votre marque. Ce n'est pas grave. Vous devez les amener à pousser la porte. Ensuite, vous pouvez commencer à établir une relation, et l'une des façons d'y parvenir est de partager l'histoire de votre personnage attirant.

Ceci est décrit dans les prochains secrets.

Secret 24

LES DEUX VOYAGES DU HÉROS

Les Deux Voyages Du Héros

Le voyage de la transformation donne son sens au voyage du désir. Pour construire votre personnage attirant pour votre public, vous devez leur montrer le chemin parcouru pour arriver là où vous êtes aujourd'hui.

Toute bonne histoire comporte trois parties : un personnage, un désir et un conflit.

Et je dois rendre hommage à Tugan Bara pour ce genre de choses, car il m'a appris tout ce que je sais sur le storytelling.

Prenez le petit chaperon rouge. Elle est le personnage attirant. Elle a un désir : je veux apporter à ma grand mère un sac de friandises. Ensuite, le conflit, c'est que le grand méchant loup veut la manger en cours de route. Trois composants principaux.

Il ne suffit pas de mettre en avant les désirs de vos clients dans votre histoire. Vous devez avoir un conflit, parce que c'est de là que vient l'émotion. Les gens achètent avec leurs émotions et justifient leurs achats avec logique.

C'est le premier voyage. Le petit chaperon rouge veut apporter des biscuits à grand mère. Mais en tant que public, que voulons nous vraiment ? Nous voulons voir la transformation. C'est le deuxième voyage.

Cela se produit en interne en cours de route. Peut être que le petit chaperon rouge apprend à affronter ses peurs. Peut être qu'elle convertit le Grand Méchant Loup en Grand Bon Loup.

Nous avons besoin de voir la transformation, et ce deuxième voyage est encore plus puissant que le premier.

Lorsque vous présentez votre public à votre personnage attirant, prenez conscience de ces deux chemins. Peut être avez vous atteint la richesse et obtenu la maison et la voiture de vos rêves. Mais pourquoi est-ce important ? Quel sens avez vous découvert et quelle transformation s'est produite en cours de route ? Quand ils voient le sens derrière l'objectif, ils peuvent identifier ces mêmes désirs en eux mêmes, puis ils achèteront.

Secret 25

LES CINQ TOURNANTS DU CONFLIT

Les Cinq Tournants Du Conflit

Le conflit au cours du voyage est ce qui apporte de l'émotion à l'histoire et nous fait nous intéresser à l'objectif.

Dans les deux derniers secrets, j'ai mentionné le caractère attirant.

Chaque personnage attirant part en voyage, et le conflit dans le voyage est ce qui apporte de l'émotion à l'histoire et nous fait nous soucier de l'objectif. Ainsi, lorsque vous racontez vos histoires, assurez vous de toucher les cinq tournants du conflit.

1 - L'Opportunité Qu'Ils Saisissent : Dans mon histoire, c'est cette idée que je pourrais gagner de l'argent en ligne. J'étais tellement excité que j'ai décidé d’investir toutes mes économies dans le minage de crypto monnaie.

2 - Le Changement De Plan : Tout allait bien dans le business du minage jusqu'à ce qu'ETH nous gifle et que nous perdions toute notre rentabilité prévue. Cette partie de l'histoire révèle que quelle que soit la carte initiale que vous utilisiez pour votre voyage, il en existe maintenant une autre.

3 - Le Point De Non Retour : Avez vous déjà vu la série Breaking Bad ? Le personnage principal Walter White est un chimiste devenu trafiquant de drogue. Le point de non-retour du personnage est atteint à la fin de la saison 4, lorsqu'il décide de laisser mourir une personne qui pourrait révéler sa véritable identité et compromettre son activité criminelle.

Cette personne est Gale Boetticher, un autre chimiste qui travaille avec Walter dans le laboratoire de méthamphétamine. Gus Fring, le chef du cartel de la drogue local veut se débarrasser de Walter et a donc prévu de le remplacer par Gale, qui est un chimiste très compétent.

Walter, conscient de cette menace, décide alors de tuer Gale pour maintenir sa position et sa sécurité.

Cet acte de violence marque un tournant dans la vie de Walter. Quand les autorités découvrent la mort de Gale, ils tombent sur un carnet de note en qui pourrait révéler la véritable identité de Walter. À partir de ce moment-là, Walter devient de plus en plus agressif et impitoyable.

4 - Le Revers Majeur : C'est la petite lueur d'espoir. En chaque film, il y a un moment dans l'histoire où l'on a l'impression que tout espoir est perdu. Le papa de Nemo est dans le ventre de la baleine. Il a perdu tout espoir de retrouver Nemo un jour. Plus l'obstacle est insurmontable, plus l'émotion s'y attache lorsque vous trouvez enfin cette petite lueur d'espoir.

5 - Le Point Culminant : C'est la bataille finale, la guerre, le moment de l'histoire où tout ce que vous avez bâti se concrétise. Le personnage a trouvé la lueur d'espoir du quatrième tournant et est prêt à atteindre son objectif. Gagner ou perdre, tout est en jeu. À ce stade, votre public s'est investi dans le combat car il y a eu de l'émotion et du suspense tout au long de l'histoire.

Ces cinq points de conflit approfondiront votre histoire, créeront un sens et établiront une confiance dans votre personnage attirant qui prolongera considérablement la valeur à vie de chaque client que vous avez.

Secret 26

CONSTRUIRE LA CULTURE

Construire La Culture

Impliquez votre communauté dans le processus et créez une identité que votre client peut devenir.

Toute bonne entreprise devrait avoir une culture. Il doit s'agir d'un environnement, d'un sentiment et d'un ensemble de valeurs fondamentales que vos clients peuvent consommer, vivre et imiter.
Pensez à des entreprises comme :

Apple Vs Microsoft
Coca Vs Pepsi
Disney Vs Universal

Toutes les entreprises de gauche ont une identité plus forte que les entreprises de droite. Les gens d'Apple sont FOUS. Les gens de Coca sont FOUS. Les gens de Disney sont FOUS. Ils s'identifient à la marque qu'ils aiment et ces entreprises ont donc une longueur d'avance sur leurs concurrents.

Je me souviens quand j'ai décidé de changer ma façon de parler sur les réseaux en utilisant “on” plutôt que “je”. Je voulais créer une identité que chacun puisse s'approprier. Les gens n'aiment pas vraiment créer des liens avec une entreprise c'est un peu fade alors nous avons changé à un mouvement.

Incluez votre audience dans votre ascension :

« On vient d'atteindre les X abonnés »
« On est au début d'un mouvement qui va prendre une ampleur démentielle... »

Vous pouvez également contribuer à créer un culte grâce à des objets promotionnels. Vous pouvez concevoir des bouteilles d'eau, des sacs à dos, des sweat shirts, des t-hirts et des autocollants pour ordinateur portable. Vous pourriez en donner gratuitement !

Certains pourraient penser que cela n'a pas de sens sur le plan financier, mais je connais des gens qui refusaient d'abandonner leur abonnement parce qu'ils adoraient le t shirt ! Vos meilleurs clients deviendront des militants infatigables lorsque vous leur donnerez une identité qu'ils pourront porter.

La culture nécessite un ensemble d'accords. Comme je l'ai mentionné dans Secret #12 Le Manifeste, la rédaction d'un ensemble d'accords pour vous et votre tribu renforcera tous vos messages marketing.

Secret 27

LE CRIME DU POSITIONNEMENT MORTEL

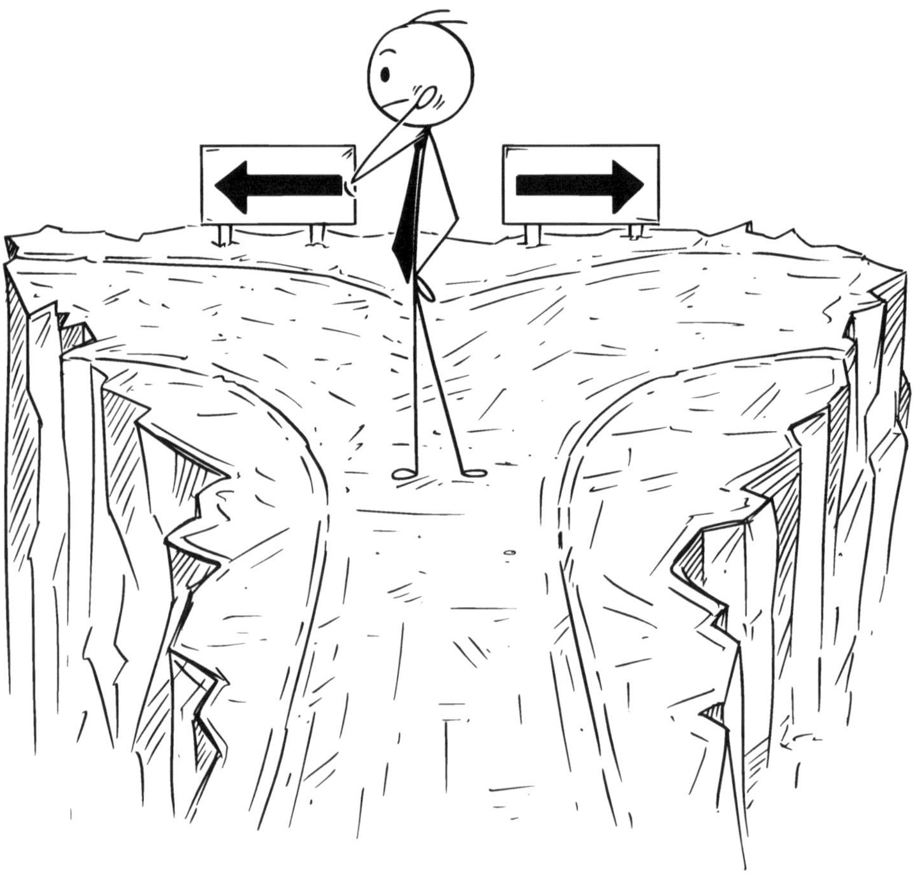

Le Crime Du Positionnement Mortel

Lorsque vous vous positionnez sur le marché comme infaillible, vous arrêtez de prendre des risques pour ne pas avoir l'air mauvais, et ce sera le début de votre fin. Rester pertinent est si important. Vous devez être au premier plan de l'esprit des gens tous les jours et tout le temps. La meilleure façon d'y parvenir est de toujours essayer quelque chose de nouveau ou de cool, et de créer une atmosphère où les gens veulent savoir ce que vous faites et comment ça se passe.

J'ai rencontré un gourou une fois. Il avait tellement peur de faire quoi que ce soit de risqué qui puisse perturber sa position sur le marché. Il a bu sa propre croyance et s'est positionné de manière à rendre TRÈS difficile de faire une erreur.

Pensez à votre caractère attirant. En devenant un expert, comment allez-vous vous positionner ? Pour moi, j'ai choisi un positionnement qui me permet de risquer et d'échouer sans abaisser mon statut. J'ai créé un personnage qui essaie simplement de partager tous les risques et les flops mais aussi d'en tirer des leçons.

C'est ainsi que ma chaîne YouTube "NAT le PRO" a reprise. C'était un regard brut et non trafiqué sur le fonctionnement interne de Natan LEMAIRE, un humain qui aime essayer de nouvelles choses et apprendre en cours de route. Il n'y a pas de retenue.

Dans certains épisodes, il était clair que j'étais déprimée et dans une mauvaise passe. Dans d'autres, j'étais au top après une grosse victoire. Quoi qu'il en soit, je pouvais partager la vraie vérité grâce à mon positionnement.

Cela me permet de prendre de gros risques, de rester pertinent et de garder mon statut intact. N'entrez pas sur le marché en tant que gourou infaillible. C'est le moyen le plus rapide de tomber au plus bas et de devenir inutile.

Choisissez une position qui vous permet d'échouer et de vous relever.

Secret 28

COMMENT RESTER PERTINENT

Comment Rester Pertinent

Une minute tu as chaud, la minute d'après tu as froid.

Une fois, j'ai passé beaucoup de temps sur la création d'un livre. Ensuite, l'IA ChatGPT est arrivé et le livre est allé à la cave. Je ne pouvais plus l'utiliser parce que c'était totalement hors de propos. Alors, comment rester pertinent ?

Je pense qu'il y a quelques choses à faire pour rester dans l'esprit de vos clients. Premièrement, vous devez TOUJOURS apprendre et grandir. Les gens qui s'accrochent à leur seule idée "tendance" et refusent d'évoluer, mourront avec.

Il fut un temps où les sites d'adhésion étaient VRAIMENT à la mode. Puis, elles se sont en quelque sorte éteintes (Ironiquement, ils semblent être de retour maintenant.) Si j'avais refusé de continuer à apprendre et à grandir, j'aurais perdu ma pertinence.

Je pense que parfois nous devenons si bons dans ce que nous faisons, nous devenons arrogants ou nous arrêtons d'essayer d'apprendre et de grandir. Mais dès que vous faites cela, il est si facile de devenir inutile sur n'importe quel marché. Que vous ayez du mal ou que vous alliez bien, cela n'a pas d'importance. Vous devriez étudier autant que vous le pouvez auprès de beaucoup de gens, car vous n'êtes pas au dessus. Si vous pensez que vous êtes au dessus, c'est là que vous allez perdre.

C'est alors que des gars comme moi qui sont obsédés par le business et par le marketing et qui veulent s'améliorer chaque jour... nous allons manger votre déjeuner et voler vos femmes.

Deuxièmement, pour rester pertinent, vous devez être prolifique. La création de contenu et la création de valeur prennent du temps, mais il n'y a pas de raccourcis pour créer une entreprise traditionnelle. C'est peut être un podcast, un livre, une émission YouTube, un blog. Choisissez quelque chose qui peut grandir et mûrir avec le temps. Les publicités et les e-mails sont impressionnants pour la vente, mais ils ne représentent qu'une partie de la réalité. Après une journée dans une boîte de réception ou un moment dans le fil d'actualité, c'est disparu. Créez ce contenu précieux qui gardera vos idées et vos produits au centre de l'esprit de vos prospects.

La troisième chose que vous pouvez faire pour rester pertinent est de nouer des relations avec des personnes qui diffuseront votre message. Les stratégies vont et viennent, mais les relations survivront à toutes les tendances.

Secret 29

LE DREAM 100

Le Dream 100

Trouvez 100 personnes avec lesquelles vous pouvez nouer des relations, et votre entreprise se développera plus que vous ne l'auriez jamais imaginé.

Le Dream 100 a plus fait pour mes ventes que toute autre stratégie. L'idée est simple et basée sur le concept que les gens font affaire avec des gens, pas avec des entreprises. Tirez parti d'autres personnages attirants qui ont construit la confiance et la fidélité avec leur public.

Si vous avez acheté mon livre pour avoir plein de clients, il y a un chapitre bonus qui explique la stratégie Dream 100 et comment atteindre ces personnes pour obtenir une portée aberrante. (Vous pouvez également apprendre cela ici et en savoir plus à ce sujet.)

Certains d'entre vous se souviendront peut être du lancement fou de ce livre où nous essaierons de vendre 20 000 livres en 90 jours. (Juste pour référence, un best seller du New York Times en fait généralement environ 10 000.) C'est un objectif sensé, et nous savons que la meilleure façon de le faire est de contacter notre Dream 100 et de leur faire promouvoir le livre.

Ce que tout le monde verra, c'est la tournée intense du livre où je ferais des interviews avec tous ces influenceurs. Ce que vous ne verrez pas, c'est toute la préparation que nous ferons.

Nous enverrons une boîte à notre Dream 100 avant le lancement.

Ils auront des cadeaux sympas comme des lumières et des figurines Batman, et les neufs premiers chapitres du livre.

Notre objectif avec ces boîtes est d'exciter les gens et d'amener nos influenceurs à faire une interview sur YouTube avec moi.

Lors du lancement. Puisque nous nous concentrerons sur YouTube comme principale plate forme, nous chercherons des influenceurs avec d'énormes nombres d'abonnés sur leurs chaînes.

Le Dream 100 fonctionne pour toutes les entreprises et tous les secteurs. Cela prend du temps et de l'argent, mais les bénéfices vous reviennent encore et encore. Un seul membre du Dream 100 peut multiplier par 10 votre chiffre d'affaires du jour au lendemain.

Secret 30

ATTIRER LE BON CLIENT

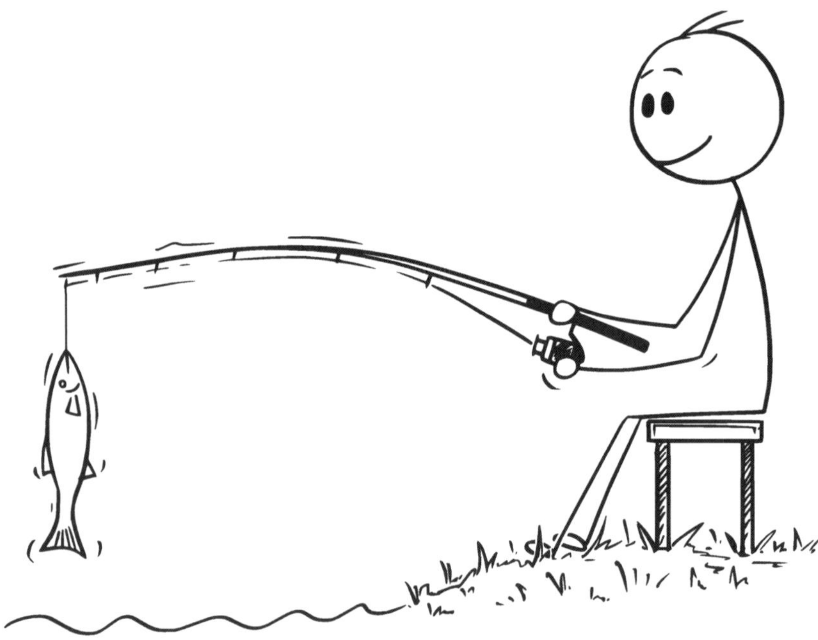

Attirer Le Bon Client

Lorsque j'ai cessé d'attirer des personnes à la recherche d'opportunités et que j'ai plutôt attiré les propriétaires d'entreprise, tout a changé.

Je parle beaucoup d'appâts dans le marketing. Les trucs que vous jetez dans l'eau pour attirer le poisson. Au début de ma carrière, l'appât que j'ai lancé concernait davantage les business de freelance que la croissance d'entreprise. Des choses comme "Créez votre première entreprise en ligne" et "Comment commencer à gagner votre premier euro". Nous avons construit une grande entreprise, mais c'est une foule difficile parce que les chercheurs d'opportunités sautent généralement d'une idée à l'autre.

J'ai dû changer d'appât. Quand j'ai écrit ce livre, c'était pour un tout autre marché. Les chercheurs d'opportunités qui n'étaient pas propriétaires d'entreprise ne se soucieraient pas du livre parce qu'ils n'avaient rien à appliquer. Je voulais des gens déjà en business qui comprendraient ce qu'était le marketing. Et ça a marché !

Pour créer le meilleur appât dans votre entreprise, pensez d'abord à qui est votre client de rêve. Notez tout ce qui les concerne, puis déterminez ce qui sera le plus sexy pour eux. Lancez votre filet en profondeur plutôt qu'en largeur. Vous n'aurez pas autant de personnes lorsque vous fabriquerez un appât aussi spécifique, mais les personnes que vous attraperez seront hautement qualifiées. Créez l'appât et offrez le avec une offre gratuite + livraison afin qu'ils paient pour figurer sur votre liste mail.

Les prospects qualifiés sont tellement plus importants que la taille ou la quantité de la liste mail.

Vous remarquerez que nous n'avons même pas d'offres gratuites en dehors de nos offres de livraison. Les gens doivent devenir clients pour rejoindre notre liste email. Lorsque vous commencez à voir la construction de listes mail sous cet angle, il devient clair que votre appât doit être VRAIMENT bon pour les amener à acheter leur place sur votre liste mail.

Secret 31

JOUEURS A + B

Joueurs A + B

Les gens supposent à tort que pour être un expert, ils doivent être la personne la plus intelligente dans la pièce. Mais c'est complètement faux. Votre expertise grandit lorsque vous vous entourez de joueurs A intelligents qui peuvent vous mettre en valeur.

Ne trouvez pas l'aide la moins chère ou créez une équipe de joueurs B. Vous finirez par avoir l'air mauvais et dépenser davantage.

Je le sais par expérience. J'ai embauché des gens qui sont les moins chers, et j'ai embauché les plus chers, et j'ai embauché des gens entre les deux. Lorsque vous investissez dans les joueurs A, ils sont massivement plus productifs que les joueurs B.

Lorsque vous débutez, vous pouvez essayer d'obtenir des joueurs B et C parce que c'est moins cher, mais en réalité, c'est beaucoup plus cher à long terme. Un joueur A peut faire le travail de 10, 15 ou 20 personnes. Cela peut sembler difficile à croire, mais c'est vrai.

Dans la première entreprise où je travaillais en tant qu'informaticien, mon ancien patron, Frédéric en est un bon exemple. Dans le passé, il y avait six programmeurs à plein temps sur un logiciel d'automatisation.

Ils ont passé trois ans et probablement 300 à 400 000 € à travailler dessus, mais ils n'avaient jamais atteint le jour où les salariés pourraient l'utiliser. Frédéric est entré et a regardé le logiciel que nous pensions utiliser, a passé les deux jours suivants à le reconstruire à partir de zéro... et cela a fonctionné ! En tant que joueur A, il ne lui a fallu que deux jours pour faire ce que six joueurs B en trois ans n'ont pas pu faire.

La meilleure façon de trouver des joueurs A est d'embaucher trois personnes pour faire un petit projet. Payez pour trois versions de ce dont vous avez besoin. Choisissez le meilleur et donnez à cette personne le prochain projet. S'ils vont bien, donnez leur plus. De cette façon, vous aurez toujours des joueurs A dans votre équipe.

Pour être un expert, vous ne devez pas vous entourer de personnes qui en savent moins que vous. Au lieu de cela, constituez une équipe d'experts qui en savent plus et peuvent mieux faire les choses. Cela vous élèvera, vous et votre entreprise, beaucoup plus rapidement qu'une équipe de joueurs B.

Secret 32

NE SOYEZ PAS UN AMATEUR

Ne Soyez Pas Un Amateur

Les amateurs se concentrent sur le prix, les experts sur la valeur.

Notre nettoyeur de tapis est venu chez moi un jour et j'ai eu avec lui une conversation des plus intéressantes au sujet de son entreprise. C'était la sixième ou la septième fois qu'il venait nettoyer nos tapis, oui le type avait fait un sacré profit grâce à nous ! Comme je peux parler de marketing toute la journée à n'importe qui, je lui ai demandé s'il proposerait l'une de ces offres Groupon ou pour attirer des clients.

"Oui, c'était terrible", a t il dit. "La pire chose que j'ai jamais faite."

"Vraiment?" J'étais choqué. "Qu'est ce que vous voulez dire?"

"Eh bien, j'ai fait l'offre spéciale et j'ai fini par avoir, je ne sais pas, 150 clients. Mais je suis allé nettoyer les maisons et je n'en ai pas tiré d'argent. C'était une perte totale de temps et d'énergie. "

C'était tellement intéressant parce qu'il était ici dans ma maison grâce à un bon de réduction que ma copine avait échangé ! Même après lui avoir dit cela, il ne l'a pas compris. Cette petite opération lui a permis de franchir la porte de chez nous et, malgré ses horribles compétences en matière de vente, nous l'avons appelé à maintes reprises et avons dépensé des milliers d'euros. Combien d'autres clients comme nous a t-il eu grâce à cette offre ?

Je préférerais perdre 20 €, 30 €, 40 €, 50 € sur la vente de base pour acquérir un client fidèle. Ces personnes, comme ma copine et moi et le nettoyeur de tapis, achèteront souvent chez vous encore et encore.

Les experts considèrent la valeur de chaque client sur toute sa durée de vie et sont prêts à investir au départ pour réaliser des ventes supplémentaires à l'avenir.

Secret 33

10 ANS EN 1 JOUR

10 Ans En 1 Jour

Vous devenez plus rapidement un expert en acquérant pour votre entreprise des informations que d'autres ont mis des dizaines d'années à apprendre.

Tony Robbins a été la première personne que j'ai entendu utiliser le terme "Décennie en un jour". Il a parlé de ces gens qui passent 10 ans à apprendre quelque chose et ensuite ils écrivent un livre. Ensuite, n'importe qui dans la rue peut prendre le livre et apprendre en un après midi ce que quelqu'un d'autre a mis une décennie à apprendre. Dans mon entreprise, j'embauche tout le temps des experts pour obtenir rapidement une quantité insensée d'informations. Nous l'avons fait avec Dimitri Zegrar lorsque nous avions besoin d'en savoir plus sur l'optimisation des moteurs de recherche (SEO) et le marketing de contenu.

Nous l'avons emmené dans la belle ville de Nîmes et lui avons payé 2 500 € en plus d'une interview. Lorsque vous mettez votre peau en jeu comme ça, vous allez faire attention aux moindres détails et tout mettre en œuvre. En préparation de sa visite, nous avons rencontré son équipe pour déterminer ce que nous devions faire pour mettre ses suggestions en action.

Cet investissement financier nous a incités à mettre en place les personnes et les ressources nécessaires pour pouvoir mettre en œuvre ces conseils. Le plus drôle, c'est que je lisais les trucs de Dimitri depuis trois ou quatre ans, et même si je savais que c'était bien, je n'en avais pas mis beaucoup en œuvre. Ce n'est que lorsque j'ai mis 2 500 € en jeu que j'ai commencé à agir.

Si vous avez besoin de quelque chose que vous avez lu et étudié mais pas mis en œuvre, cela peut être pour une ou deux raisons. Un, vous n'avez peut être pas encore fait un investissement assez important, ou deux, vous pourriez avoir besoin de l'expert réel pour vous donner une décharge de cerveau personnalisée qui vous donne le carburant pour aller de l'avant.

Tous les propriétaires d'entreprise ont l'une des limitations les plus cruelles au monde : le temps.

Le raccourci vers l'acquisition d'expertise consiste à vous frayer un chemin dans une décennie de connaissances en une journée en investissant au besoin.

Secret 34

ÊTES VOUS UN ÉTUDIANT EN MARKETING ?

Êtes Vous Un Étudiant En Marketing ?

Combien d'entre vous ont répondu à un e-mail, un SMS ou un message marketing par quelque chose comme "Arrête de m'envoyer des SMS et des e-mails ! C'est trop !"

Cela m'épate, car les experts sont toujours à la recherche de moyens d'en savoir plus sur le marketing, même sur les tactiques qu'ils n'aiment pas.

Lorsque j'ai décidé de lancer ma propre newsletter, j'ai montré cela à l'un de mes amis qui était dans le business en ligne et le marketing. Il s'est enthousiasmé, s'est inscrit et a commencé à en parler aux autres.

Quelques jours plus tard, il m'a envoyé un texto et m'a dit: "Hé, tu peux nous emmener moi et ma femme hors de cette newsletter ?"

Je ne pouvais pas le croire. Je me suis dit : "De quoi tu parles ?"

" J'en ai assez de recevoir tous les e-mails, et ce n'est pas pour moi. Veuillez l'annuler"

Je voulais lui répondre, mais je ne l'ai pas fait parce que j'étais tellement ennuyé et triste. Il essayait d'apprendre le marketing sur Internet, et avec ma newsletter, il avait accès en coulisses au lancement d'offre à la croissance la plus rapide de l'histoire !

Tous les documents marketing lui ont été envoyés par e-mail tous les jours, mais au lieu de dire : "Wow, c'est une très bonne étude de cas sur la façon de lancer une offre", il s'est énervé et a demandé de l'annuler.

Je suis époustouflé par le nombre de fois où les gens qui essaient d'apprendre le marketing s'en énervent. Peu importe votre expertise ou votre secteur d'activité, vous devez devenir un étudiant en marketing si vous voulez battre vos concurrents. Et pas seulement un étudiant, un étudiant OBSÉDÉ.

Secret 35

LA LOI DU BUSINESS : GÉNÉRER DE NOUVEAU CLIENTS

La Loi Du Business :
Générer De Nouveau Clients

Si vous ne pouvez pas générer de nouveaux clients de manière cohérente et rentable, vous êtes dans un business terrible. Sortez.

Je sais que cela semble dur. Les gens me disent tout le temps : "Mais j'ai ces clients qui m'aiment !" et c'est génial. Mais cela ne change rien à la réalité de la loi du business.

La deuxième loi de la thermodynamique, la loi de l'entropie croissante (vous ne pensiez pas recevoir une leçon de physique, hein ?), signifie que tout se dégrade.

Il n'y a pas de statu quo dans les affaires. Soit vous grandissez, soit vous mourez.

C'est comme ça que l'univers fonctionne. Vous obtenez une pomme et vous l'exposez au soleil, que se passe t il ? Elle ne fleurit pas ou ne grossit pas, elle se détériore jusqu'à ce qu'elle devienne une compote de pommes vraiment dégoûtante. Donc, si vous avez une entreprise avec des clients existants, mais que vous n'en obtenez pas continuellement de nouveaux, tout va commencer à se détériorer rapidement.

C'est l'une des raisons pour lesquelles j'ai dédié un livre uniquement sur le fait d'attirer de nouveaux clients : "37 Manières d'Avoir Davantage De Clients"

Vous voulez être un expert. Vous n'aimez peut être pas vendre, mais tous les experts, quel que soit leur secteur d'activité ou leur créneau, doivent apprendre à vendre. C'est votre premier emploi en tant qu'entrepreneur.

Découvrez comment amener de nouvelles personnes de manière cohérente et rentable de vous donner de l'argent.

Jusqu'à ce que vous atteigniez 1 million d'euros dans votre entreprise, c'est votre travail.

Secret 36

SI VOUS VOULEZ GRANDIR, ENSEIGNEZ

Si Vous Voulez Grandir, Enseignez

Il n'y a pas de meilleur moyen de comprendre ce que vous faites et ce que vous savez qu'en trouvant comment l'enseigner. Ensuite, écrivez un livre à ce sujet pour le comprendre à un niveau plus profond.

Écrire des livres m'a obligé à m'asseoir et chapitre par chapitre, dans des détails atroces, et en enregistrant des audios et en dessinant des cartes mentales. Expliquer les choses que j'enseigne et fais. Je me suis dit : "Quand je commence à écrire un livre, c'est la première fois que je commence vraiment à comprendre ce que je fais réellement."

Cela vous oblige à creuser profondément. Vous commencez à voir des connexions et des strates dans vos activités quotidiennes qui forment des modèles. Et avec ces modèles, vous pouvez reproduire ce que vous faites pour quelqu'un d'autre. C'est la chose la plus fascinante.

La première fois que j'ai vraiment compris cela, c'était lors de mes premiers camps d'été d'enseignement de karaté. Vous savez maintenant que j'étais un grand karatéka, champion de département. Mais quand je suis allé l'enseigner aux enfants, j'ai eu une énorme révélation.

J'enseignais ce que je savais, mais ils ne pouvaient pas l'obtenir.

J'ai continué à le décomposer et à le décomposer jusqu'à ce que ce soit si simple.

Puis ils finiraient par dire : “ Oh ! Je vois comment ça marche maintenant ! Et puis j'ai compris pourquoi ça marchait aussi. Je pouvais voir que mon positionnement pour un mouvement était d'une certaine manière mon bras était ici, la jambe était là, les hanches étaient ici et là.”

Lorsque nous devenons si bons dans une compétence particulière, nous oublions toutes les petites étapes et révélations qu'il nous a fallu pour arriver là où nous sommes. Enseignez-le, écrivez un livre dessus et devenez plus expert que vous ne l'êtes déjà.

Vous découvrirez des strates, des thèmes et des modèles que vous considériez comme acquis.

Secret 37

L'ÉTAT ÉMOTIONNEL EN MARKETING

L'État Émotionnel En Marketing

Susciter l'émotion est l'un des concepts les plus puissants que vous puissiez maîtriser dans votre cheminement pour devenir un expert. Voici une partie que j'ai apprise de Tony Robbins.

Tout est une question de contrôle d'état émotionnel.

Un ami vous a-t-il déjà raconté une histoire en disant : "Il s'est passé la chose la plus incroyable du monde ! Ça a changé toute ma vie."

On vous dit la chose et vous vous dites : "C'est tout ? Mec, c'est pas grand-chose."

La même sensation se produit lorsque vous faites un mauvais rêve et que vous essayez d'en parler à quelqu'un le lendemain, mais qu'il vous regarde comme si vous étiez une mauviette. La raison pour laquelle cela se produit est que vous êtes nul en matière de narration et de contrôle de l'État émotionnel.

Ha. Désolé, mais c'est vrai.

La raison pour laquelle ce rêve ou ce moment était si incroyable n'est pas **due** à ce qui s'est passé, mais à ce que **vous avez ressenti**, à l'état d'esprit dans lequel vous vous trouviez au moment où cela s'est produit.

Revenons donc à Tony Robbins. Il enseigne comment entrer dans un état instantanément.

Il y a trois éléments dont vous avez besoin pour « entrer dans l'état émotionnel » : votre corp, votre concentration et votre volonté. Donc, si vous voulez entrer dans un état heureux, vous devez ajuster ce que fait votre corps, ce à quoi vous pensez et votre concentration active.

Lorsque vous racontez des histoires, vous devez retracer votre chemin jusqu'au moment où vous avez eu la révélation de votre produit ou service.

- À quoi pensais tu?

- Que faisait votre corps ?
- Sur quoi vous concentriez vous ?
- Quels sont les événements qui ont conduit à ce moment décisif ?

C'est ainsi que vous créez un nouvel "état émotionnel" pour vos prospects.

Lorsque vous leur faites ressentir la même chose que vous, vous pouvez conclure la vente. N'oubliez pas que les gens achètent avec des émotions, puis ils justifient l'achat avec logique.

Commencez votre histoire par susciter l'émotion et utilisez des fonctionnalités et des bonus pour aider votre prospect à le justifier.

Secret 38

VALIDATION

Validation

Au fur et à mesure que vous deviendrez un expert, les gens commenceront à vous suivre. Créez une atmosphère de validation et de "petites victoires" afin de maintenir l'élan de vos clients. Créez un climat de fête en mettant en avant les personnes les plus performantes qui accomplissent des choses extraordinaires !

Dans tout mouvement, il y a des étoiles brillantes. Ce sont les personnes qui achètent vos produits, agissent et obtiennent d'excellents résultats. Ils deviendront vos plus grands ambassadeurs et vous aideront à faire croître votre tribu de jour en jour.

Il est essentiel que vous appreniez à créer une atmosphère d'entreprise qui valorise ces personnes.

J'ai appris cela d'une nouvelle manière lors du concours d'affiliation de ce livre.

Nous avions ce concours fou pour voir qui vendrait le plus de livres et nous avions cette fille... Nous ne savions pas du tout qui elle était. Elle sortait de nulle part. Elle était en train de tout écraser. Elle a atterri sur le tableau de bord la première semaine, battant presque tous nos 100 meilleurs, des gens comme Dimitri Zegrar et Paulzeeer.

Elle a demandé un entretien avec moi, mais comme elle ne figurait pas sur notre liste Dream 100, mon équipe a refusé. Et ce n'est que lorsqu'elle a posté un message sur Instagram que nous avons réalisé qu'elle était bouleversée et que nous avions l'impression de la perdre. Elle avait juste besoin d'un peu de validations.

Ce qui est cool, c'est que dès que nous avons réalisé qu'elle avait juste besoin d'une petite confirmation qu'elle faisait du bon travail (et oui, nous lui avons fait une interview), elle est revenue avec tellement de force et de motivation qu'elle a vendu plus de livres que des gens comme Nadir Messaï ! Elle s'est finalement classé quatrième au classement général, avec son petit nombre d'abonnés.

Cette petite quantité de validation a tout changé. Il a fallu à l'un de nos meilleurs clients ambassadeur ai le sentiment de "Eh bien, je ne veux plus promouvoir, parce que personne ne s'en souci" à "Je vais être votre fidèle affilié et meilleur client pour toujours !"

C'est puissant.

Vos Offres

Introduction

Allez faire du shopping sur Amazon et vous verrez qu'il y a TOUT un tas de gens qui vendent des produits. Je veux vous aider à éviter la course vers les prix bas et à créer une offre à la place.

Parlons des livres pendant une minute, car c'est un business dans lequel je suis. Si je vends un livre, cela ne vaut que le prix du papier. Et si vous vendez sur un site comme Amazon, les gens vont chercher les prix et déterminer lequel est le moins cher et ils vont opter pour cela.

C'est presque impossible de s'enrichir comme ça.

Prenons maintenant ce livre, mais créons plutôt une offre. J'offrirai le livre, mais j'ajouterai au lot un guide en marketing, le livre en audio, une vidéo secrète et un bonus (on a réellement fait ça). Maintenant, cela vaut bien plus qu'un seul livre. Et je peux aussi proposer des offres pour acheter plus dans un pack.

Si vous ne savez pas comment créer une offre, pensez à tout ce dont votre client a besoin pour augmenter la valeur de ce que vous vendez.

Vous pouvez voir que cette offre n'essaie pas seulement de vendre plus de chaussures, elle vend tous les extras que les acheteurs pourraient souhaiter avec les chaussures.

Comment pouvez vous ajouter de la valeur avec des compléments qui créent une offre irrésistible qu'ils ne peuvent pas refuser ?

Lorsque vous élaborez votre offre, ne limitez pas son efficacité. Rendez la aussi cool et irrésistible que possible car votre page de vente et vos vidéos seront meilleures. Même si vous devez l'éditer et en supprimer une partie, vous aurez une meilleure offre que si vous essayez de vendre dans un format standard.

Enfin, réfléchissez à l'ordre dans lequel vous présentez l'offre. En théorie, vous voulez que tout soit complémentaire. Si quelqu'un achète une paire de chaussures, il aura peut être besoin de cirage, de lacets supplémentaires ou de chaussettes confortables.

Dans certains secteurs, il est possible de vendre davantage de produits identiques (les suppléments et autres produits consommables en sont de bons exemples). Les prochains de secrets de marketing vous aideront à élaborer des offres incroyables.

Secret 39

QUELLE EST VOTRE ÉCHELLE DE VALEUR ?

Quelle Est Votre Échelle De Valeur ?

Vos offres doivent être organisées en étapes afin que les gens puissent facilement accéder à votre article le plus cher, l'acheter et l'aimer.

Chaque offre doit apporter de la valeur et nécessite un prix lié à cette valeur. Naturellement, plus vous donnez de valeur, plus le prix est élevé.

Chaque entreprise a besoin d'une échelle de valeur pour organiser ses offres.

La plupart d'entre nous veulent juste donner à nos clients la MEILLEURE et la PLUS GRANDE valeur dès le départ. Nous le faisons parce que nous savons à quel point cela peut être bénéfique. Nous savons que cela fera une grande différence. Mais nous oublions que nous n'avons pas encore gagné toute leur confiance.

Par exemple, nous offrons un programme de coaching où nous facturons 1 million d'euros pour créer le tunnel de vente de quelqu'un et c'est incroyable. Dans un monde parfait, je pourrais aller vers chaque personne et leur dire : " Hé, c'est un million d'euros. Je vais créer un funnel pour vous et ça va être génial ! "

Le problème, c'est que j'ai l'air d'avoir 11 ans et que je n'ai fourni aucune valeur pour vous à ce stade. Vous allez penser que je suis fou.

Où penser quand vous voulez rénover une maison. Vous prévoyez de faire une pièce à la fois au cours des cinq prochaines années et au bout de cinq ans, vous avez une belle maison. Et vous êtes tellement excité et vous ressentez cette valeur et cette transformation. Puis votre voisin vient et vous pose des questions sur la rénovation. Et vous avez envie de dire : "Oh mon Dieu, faites tout en une seule fois. C'est tellement génial de tout finir !"

Vous avez entrepris le voyage, ressenti la transformation et souhaitez donner ce conseil à votre voisin. Sauf qu'ils n'ont pas encore parcouru cette route.

Ils ne ressentent pas encore ce que vous ressentez, tout ce qu'ils voient, ce sont des signes euros partout...de mauvais entrepreneurs vivant dans une zone de construction.

En business, vous devez voir le parcours de votre client. Ils doivent payer un peu et obtenir de la valeur en retour. Cette valeur devrait toujours dépasser un peu le prix, car ils reviendront pour plus. Chaque fois qu'ils reviendront, le prix (et la valeur) ira de plus en plus haut.

Lorsque vous créez une échelle de valeur dans votre entreprise, chaque offre doit résoudre un problème et en agiter un autre. Si vous vendez une chemise à quelqu'un, il lui faut maintenant le pantalon. Puis les chaussures... la ceinture... la veste. Faite preuve de créativité. Ont ils besoin de boutons de manchette, d'une cravate, d'une mallette, d'eau de Cologne ?

Si vous êtes un agent immobilier, pensez à votre propriétaire. Ils doivent vendre leur maison, mais peut être ont ils besoin de cartons pour emballer toutes leurs affaires, d'aide à la rénovation, de services d'aménagement paysager. Ils ont besoin d'aide pour la maison qu'ils vont acheter. Le nouveau quartier, changement d'adresse, trouver de nouveaux médecins. Suivez le parcours de votre client du début à la fin.

Si vous êtes déjà en business, trouvez votre client le plus fidèle et le plus incroyable et tracez son parcours. Regardez comment ils ont passé en revue vos offres ce qu'ils ont acheté en premier, deuxième, troisième.

Dessinez votre échelle de valeur et créez votre stratégie marketing autour d'elle.

Secret 40

LE SEUL GROS DOMINO

Le Seul Gros Domino

Quelle est la SEULE chose que vos clients attendent de votre offre ? C'est une pièce que s'ils l'obtiennent, tout le reste se met en place.

Au fur et à mesure que vous élaborez votre offre et votre message de vente, vous serez tenté de présenter TOUS les bonus, fonctionnalités et autres avantages. Mais vous devez d'abord vous concentrer uniquement sur Le Seul Gros Domino.

Cela fonctionne dans tous les domaines de la vie et des business, pas seulement vos offres. Si vous êtes le genre d'entrepreneur dont le bureau est couvert de listes de tâches et que vous vous retrouvez tout le temps occupé sans rien accomplir, c'est parce que vous n'avez pas trouvé votre Seul Gros Domino. Cette tâche qui, si vous la faites, rendra toutes les autres obsolètes.

L'un de nos livre est 37 Manières d'Avoir Davantage De Clients. Il s'agit d'un livre destiné aux personnes qui souhaitent en savoir plus sur la science et l'art d'attirer des clients en MASSSE. Il y a tellement de choses sympas à propos de ce livre, mais je dois trouver UNE chose qui est la plus convaincante, la plus sexy et la vendre.

Pour beaucoup de gens, ma page de vente est vraiment sexy. Une page qui a fait ses preuves. Un page qui nous a coûté des dizaines de jours à construire. Ainsi, lorsque je vends 37 Manières d'Avoir Davantage De Clients, je me concentre sur cette seule chose : obtenir des clients en masse et je l'utilise comme élément central de mon message de vente.

Une fois qu'ils sont convaincus sur cette partie de l'offre, tout le reste de ce livre devient l'argument logique pour l'acheteur expliquant pourquoi la décision d'achat était bonne. Vous vendez UNE chose avec émotion ("qui ne veut pas un lancement de livre à un million d'euros ?"), et une fois qu'ils sont convaincus, tout le reste justifie la décision d'achat.

Recherchez votre Grand Domino dans toutes vos offres et il vous sera beaucoup plus facile de vendre.

Secret 41

QUAND VOTRE OFFRE NE FONCTIONNE PAS

Quand Votre Offre Ne Fonctionne Pas

Les offres fonctionnent rarement la première fois. Trop de gens abandonnent trop vite. Je fais ça depuis longtemps. On pourrait penser que je serais vraiment doué pour créer l'offre parfaite à chaque fois. Et je suis, et bien, mieux que la plupart. Mais il y a encore des fois où ça ne marche pas.

Nous devons sans cesse améliorer nos offres. Avec l'un de nos tunnels, la première offre fonctionnait bien. Nous avons ajouté un UPSELL, mais c'était juste moyen.

Nous l'avons donc peaufiné, modifié et reconstruit le tout. Il a fallu une semaine entière pour reconstruire, avec une nouvelle page, une nouvelle vidéo et tout. Nous avons collé la nouvelle offre dans notre entonnoir et elle ne s'est TOUJOURS pas convertie comme je le souhaitais.

En fait, notre ancien UPSELL fonctionnait bien mieux, nous avons donc dû revenir à la planche à dessin et recommencer.

Est-ce ennuyeux ? Bien sûr. Est ce beaucoup de travail ? Oui. J'ai dépensé des milliers d'euros pour un livre parce que les premières tentatives ont échoué. Finalement, ça a pris.

Et boum ! C'est comme une machine à sous : 1 € en entrée, 10 € en sortie.

Si votre offre ne fonctionne pas, modifiez la. Continuez simplement de la travailler et de la retravailler. Finalement, si vous persévérez et continuez à étudier, à apprendre et à comprendre comment cela fonctionne, vous obtiendrez la bonne formule. Mais vous ne pouvez pas abandonner après une seule tentative.

Je pense que trop de gens abandonnent.

C'est probablement la différence entre moi et beaucoup de gens, c'est que je me fâche et que je m'entête à persévérer. J'aime tellement mes livres et je veux qu'ils se vendent, alors je continue à pousser et à travailler jusqu'à ce que ça marche.

Secret 42

LE PROBLÈME AVEC LES OFFRES D'AMÉLIORATION

Le Problème Avec Les Offres d'Amélioration

Personne ne veut se voir acheter quelque chose qui le rendra «juste un peu meilleur» que ce qu'il est actuellement. C'est ce qu'on appelle une offre d'amélioration et 98% de la population va la détester.

Si vous vendez la perte de poids, qui veut perdre seulement trois kilos en faisant la même chose qu'ils font maintenant, juste un peu plus ou différemment ? Si vous vendez des conseils relationnels, qui veut un partenaire qui ressemble à celui du passé... juste un peu plus gentil ?

Les offres d'amélioration sont agaçantes et rebutent votre client, car à la base de ce type d'offre se trouve une insulte :
"Vous devriez acheter XYZ pour être meilleur."

Afin d'adhérer à cette affirmation, ils doivent admettre qu'ils ont besoin d'être améliorés.

Commencer la vente par une insulte ne se passe jamais bien.

Au lieu de cela, votre offre doit vendre une nouvelle opportunité. Si votre prospect roule en Dacia, vous devez lui présenter une Audi. C'est une nouvelle voiture et une nouvelle opportunité. J'appelle cela le changement d'opportunité.

Laissez moi vous donner un exemple. Nous faisons des comparatifs avec d'autres livres de marketing. Mais si je dis juste, "Hé, achetez mon livre parce que c'est un peu mieux que celui du voisin", c'est une offre d'amélioration. Et j'ai perdu.

Au lieu de cela, je crée une nouvelle opportunité. Mon livre de Marketing est le nouvel outil secret qui multipliera votre CA par 12 !

Maintenant, mon livre est une toute nouvelle opportunité, et quelque chose de vraiment cool se produit... ma concurrence disparaît. Je n'essaie pas seulement « d'améliorer » mon offre pour qu'elle surpasse tous les autres. Maintenant, il n'y a AUCUNE concurrence. Je suis dans un océan bleu rempli d'opportunités, et mon travail consiste à leur dire de sortir de la voiture dans laquelle ils se trouvent et de monter dans la mienne.

Secret 43

AJOUTEZ, NE CHANGEZ PAS

Ajoutez, Ne Changez Pas

Lorsque vous offrez une nouvelle opportunité à votre client, toutes les offres qui suivent celle-ci doive être ajoutée et non changé.

Dans le dernier secret, j'ai mentionné à quel point il est important que votre offre soit une nouvelle opportunité et pas seulement une amélioration par rapport à leurs anciennes habitudes.

Si vous vendez de la perte de poids et qu'ils suivent le régime "Banane", vous offrez une TOUTE nouvelle opportunité avec le régime "Café-Beur".

N'utilisez pas simplement mon livre parce que c'est un meilleur livre que les autres ; c'est une toute nouvelle façon de pratiquer le marketing.
Une fois que vous leur avez vendu une offre qui crée ce nouveau véhicule, toutes les offres qui suivent doivent être des choses que vous pouvez empiler sur cette opportunité.

Les gens se fatigueront de vous si vous introduisez une nouvelle opportunité avec chaque nouveau produit. Il se sentira bon marché. Ils penseront, Eh bien, tu m'as dit que cette dernière offre était ma nouvelle opportunité et maintenant, tu en as une nouvelle ?

Vous ne pouvez pas vous attendre à ce qu'ils entrent et sortent du véhicule encore et encore.

Créez plutôt des offres qui rendent ce nouveau véhicule meilleur, plus rapide et plus étonnant.

Mon livre 37 Manières d'Avoir Davantage De Clients est la nouvelle offre d'opportunité ultime. Je veux que les gens de tous les horizons et de tous les secteurs (pas seulement du marketing en ligne) voient qu'ils peuvent avoir une entreprise qui attire des clients en masse. Une fois qu'ils achètent le livre et croient que ce type d'entreprise est une nouvelle opportunité qui ouvrira plus de richesse et de succès que tout ce qu'ils font, le changement a été fait. Il est temps d'ajouter.

Votre entreprise devrait offrir une nouvelle opportunité, puis tout le reste devrait s'y ajouter pour la rendre encore plus incroyable.

Secret 44

LA PUISSANCE DU BONUS

La Puissance Du Bonus

Un bonus est une superpuissance marketing. Il crée de la rareté, de la valeur et amène les prospects hésitants à l'acte plus rapidement que toute autre chose.

Nous avons tous vu ces publicités où un gars vend avec enthousiasme un paquet de couteaux si incroyables qu'ils peuvent sculpter une pastèque dans le buste de Napoléon. Vous remarquerez que toute la publicité se concentre sur la seule chose que le produit fait très bien. Ils ne parlent de toutes les autres parties de l'offre et les bonus qu'à la fin.

Les bonus sont comme les derniers petits morceaux de l'offre qui poussent les gens à bout pour passer à l'achat. Donc, si vous regardez la publicité et que vous êtes sur le point d'acheter (il y a peut être une petite hésitation), c'est là que les bonus sont intéressants.

Non seulement vous obtenez l'ensemble des couteaux d'origines, mais vous obtenez également une planche à découper, un aiguiseur de lame, un support de couteaux et ce couteau supplémentaire que vous ne pouvez acheter nulle part ailleurs !

Vous remarquerez que les bonus rendent le produit original…

Mieux travaillé
(comme un aiguiseur de couteau)

Travaillé plus efficacement
(comme le bloc à couteaux pour le rangement)

Plus complet
(comme la planche à découper)

Plus spécial
(le couteau en plus que vous ne trouverez nulle part ailleurs)

Si vous imaginez votre prospect près d'une falaise, chaque bonus le pousse de plus en plus loin jusqu'à ce qu'il franchisse le pas.

Les bonus créent également de la rareté. Vous pouvez les utiliser pour récompenser les gens qui agissent rapidement en disant : « Les 10 premières personnes qui achètent, obtiennent ces bonus » ou « Ces bonus expirent dans 24 heures ».

Cela fonctionne également pour les offres d'événements. Parfois, la chose la plus difficile à vendre, ce sont les places pour un événement. Lorsque nous avons commencé à faire des Masterclass de Marketing en LIVE, c'était stressant de s'assurer que nous avions assez de billets vendus. J'ai réalisé que les gens n'aiment pas planifier si longtemps à l'avance.

Mais offrir des bonus avec les billets a tout changé. Nous avons essayé une offre 2 pour 1 où vous pouviez obtenir deux billets pour le prix d'un, mais seulement pour une courte période. Nous avons vendu beaucoup de billets en quelques heures. Nous avons également offert les enregistrements de l'année précédente de l'événement en bonus pendant 24 heures lorsque les gens achetaient des billets. Encore une fois, beaucoup ont été achetés.

Assurez vous que chaque offre, quelle qu'elle soit, comporte des bonus.

Secret 45

LE POUVOIR DE LA CONTINUITÉ

Le Pouvoir De La Continuité

Trouvez un moyen de générer des revenus récurrents dans votre entreprise avec une offre de continuité.

Les offres de continuité et les sites d'adhésion créent des revenus mensuels stables qui peuvent aider à donner à une entreprise les flux de trésorerie nécessaires à sa croissance. La microcontinuité est un terme que j'utilise pour décrire des abonnements récurrents à faible coût pour des éléments tels que des newsletters mensuelles, des formations ou même des produits en édition limitée.

Certains d'entre vous pensent peut être : Eh bien, il est facile d'établir une continuité lorsque vous vendez des logiciels basés sur le cloud. Et c'est vrai. Le logiciel en tant que service (ou SAAS) est comme la huitième merveille du monde. Si jamais vous avez la possibilité de créer des logiciels dans votre entreprise, vous devriez le faire.

Mais ce n'est pas obligatoire. Je me souviens d'un programme de continuité de mon mentor Tugan Bara. Lettre Underground était une offre de continuité basée sur les produits d'informations qui coûtait 297€ par mois. Voici quelque chose que vous pouvez en apprendre.

Lorsqu'ils commençaient son programme, ils recevaient une énorme boîte pleine de livres, de lettres et de formations qu'ils ne pouvaient obtenir nulle part ailleurs. Tout le contenu était en bonus.

S'ils le souhaitent, ils pouvaient payer l'intégralité de l'année, ce qui les plaçait dans un plan de continuité annuel. Ils obtenaient un bonus de réduction supplémentaire s'ils le faisaient. Tugan essayait donc de rendre son offre aussi attrayante que possible.

Pour que la continuité fonctionne, vous devez être en mesure de leur donner quelque chose de nouveau (et rare) chaque mois. Dans Lettre Underground, ils recevaient une newsletter livrée à leur porte expliquant un nouvel entonnoir qu'il avait piraté. Dans l'espace membres, une vidéo et un entonnoir étaient déjà pré construit pour eux, ils pouvaient donc les télécharger et les personnaliser !

Ces entonnoirs ont littéralement rapporté des milliers, voire des millions d'euros, c'est donc une offre attrayante à respecter car c'est comme, “Hé, je me demande ce qu'ils vont m'envoyer ensuite ?”

Vous avez également besoin d'une faible barrière à l'entrée. La continuité est difficile à vendre parce que vous ne facturez pas seulement des frais uniques. C'est des frais continus et la douleur de perdre de l'argent chaque mois ne peut être calmée que s'ils sont en mesure de profiter pleinement de votre offre et d'en retirer un plaisir qui compense la douleur.

Envisagez de créer des essais à 1 € avec des bonus ou des offres attrayantes “free + shipping” pour amener les gens à tester votre adhésion, et assurez vous d'avoir un excellent processus qui les maintient engagés juste à la fin de leur essai... afin qu'ils continuent de payer.

Secret 46

LE POUVOIR DU SECRET

Le Pouvoir Du Secret

Si vous n'arrivez pas à convaincre les gens de parler de vos produits à leurs amis, essayez de dire à tout le monde de garder le secret.

Le marketing de bouche-à-oreille est puissant. Lorsque vous parvenez à convaincre un public de parler de vous à ses amis et à sa famille, ce bouche-à-oreille raccourcit considérablement le délai de vente. Il est donc important d'inciter les gens à partager des informations et à parler de vous !

Si vous vous apprêtez à lancer quelque chose de nouveau, dites à vos fans et abonnés les plus proches que c'est un secret et qu'ils ne doivent « le dire à personne ». Magie, le mot commencera à se répandre. Pourquoi ? Parce que les gens aiment partager des choses qui les font se sentir intelligents, les font rire ou leur donnent l'impression d'être "au courant".

J'ai essayé une fois lorsqu'un groupe d'ami et moi commercialisions une nouvelle application. J'ai personnellement envoyé un SMS à quelques personnes et leur ai dit : "Hé, voici ce que je fais. Nous lançons cette nouvelle application. Elle va être vraiment géniale et vous voudrez peut-être en faire partie. Je fais un webinaire secret. Si vous voulez y participer, venez".

C'était mon texte, et il y avait un lien pour s'inscrire au webinaire. Je ne l'ai envoyé qu'à peut être 20 personnes. J'ai aussi demandé à deux de mes amis de le partager. Entre nous trois, nous l'avons envoyé à peut être 50 personnes, et nous avons spécifiquement dit :

“Ne le dis à personne d'autre. C'est juste pour toi.”

Nous avions 100 personnes inscrites au webinaire et 85 se sont présentées. Pour ceux d'entre vous qui ne font pas beaucoup de webinaires, ce taux de participation est vraiment bon !

Les gens s'attendaient à avoir de nos nouvelles et à obtenir des informations privilégiées qu'ils ne pouvaient obtenir nulle part ailleurs. Le pouvoir du secret. Utilisez le dans vos webinaires et dans votre marketing pour amener les gens à partager.

J'ai construit une entreprise en dirigeant avec des secrets Les Secrets Marketing. Quel est votre secret qui rend vos clients fous de curiosité ?

Secret 47

QUE FAIRE QUAND LES GENS DISENT POURQUOI ILS NE VOUS DONNENT PAS D'ARGENT

Que Faire Quand Les Gens Disent Pourquoi Ils Ne Vous Donnent Pas d'Argent

Quand quelqu'un vous dit POURQUOI il n'achètera pas votre offre, résistez à l'envi d'argumenter ou de vous défendre. C'est la pire chose que vous puissiez faire !

J'ai rejoint une table ronde business et nous avions un mentor. Ce mentor, bien qu'il soit un gars sympa, est un horrible commerçant.

Le pire marketeur de la planète Terre. Il ne peut pas recruter, ne peut pas s'entraîner, ne peut pas vendre quoi que ce soit, mais d'une manière ou d'une autre, il est mentor.

Il a pris un tas de mauvaises décisions dans son travail et a presque ruiné le programme. J'avais déjà dépensé plus de 3 000 € pour la table ronde et cela n'a abouti à rien, ce qui représente beaucoup d'argent à jeter.

Alors j'ai arrêté de donner. Jusqu'au jour où j'ai reçu un email de sa part qui disait : “En tant qu'ancien et possible futur investisseur, quels changements devrions-nous apporter au programme pour que vous soyez prêt à donner à nouveau de l'argent ? S'il vous plaît, soyez brutalement honnête.”

Vous savez quoi ? Je leur ai dit exactement ce qu'ils devaient faire pour récupérer mon argent. Raison après raison après raison. Si vous êtes un spécialiste du marketing, vous savez que ces informations sont précieuses. Prenez ces raisons, faites les changements et BOOM de l'argent gratuit. Mais vous savez où va cette histoire, n'est ce pas ?

Le gars est revenu et m'a combattu pour chacune de mes raisons, m'a insulté et m'a dit que je n'étais pas assez déterminé. MOI, le gars qui avait dépensé le prix d'une voiture d'occasion pour une séance de visio une fois par mois.

Lorsqu'on vous dit de faire tomber les objections des gens, vous ne devriez pas le faire avec des insultes, des désaccords ou des déclarations défensives. Tout le contraire. Écoute les. D'accord avec eux. Réparez ce qui doit l'être et montrez leur que vous avez entendu leurs craintes. Ensuite, rassurez les. Romain Amengual dit que l'une des règles numéro un de la vente est d'abord d'être d'accord avec votre prospect.

Cela peut sembler contre intuitif, mais cela fonctionne. Si quelqu'un nous envoie un email et dit: "Votre livre de marketing est si difficile et je ne peux pas le comprendre et je veux être remboursé parce que c'est un gaspillage d'argent", il faut une minute pour comprendre comment être d'accord avec eux et continuer à vendre.

Une réponse de qualité commencerait par :

Je comprends tout à fait ce que tu ressens. Cela peut être frustrant quand quelque chose n'est pas aussi intuitif que prévu.

Accord. Validation. Ensuite, vous entrez pour la vente.

Que diriez vous de planifier un appel avec l'un de nos coachs qui pourra vous guider étape par étape tout au long de votre premier tunnel de vente ? Vous serez en mesure de poser des questions, de conserver les enregistrements et, mieux encore, de le mettre en place et de le faire fonctionner correctement du premier coup.

Lorsque vous résistez à l'envie de vous défendre, vous pourriez trouver un client prêt à payer plus juste pour résoudre son problème.

Malheureusement, cette table ronde a perdu tant d'argent parce qu'ils n'étaient pas disposés à entendre mes objections et à les corriger.

Découvrez pourquoi les gens ne vous donnent pas d'argent, sympathisez et trouvez une façon de les aider à se sentir écoutés.

Secret 48

QUEL EST LE PRODUIT DÉRIVÉ ?

Quel Est Le Produit Dérivé ?

Lorsque je parle de créer une offre plutôt que de simplement vendre un produit, les gens me disent : « Mais je n'ai qu'une chose à vendre ». C'est parce qu'ils ne font pas assez d'efforts.

Il y a une entreprise cachée à l'intérieur de chaque entreprise. Un café vend du café.

Mais il peut également vendre les sacs de café cool et vintage après leur utilisation. Ils peuvent vendre un espace de location pour leur boutique lorsqu'ils ne l'utilisent pas.

Au début de mon entreprise, j'étais investi sur 6 marchés différents. Le marketing rentable était mon deuxième prénom. Le partage de ces ROI élevés sur Instagram est devenu mon activité cachée au sein de l'entreprise. Les gens ont afflué vers nous pour voir comment se déroulaient nos tests et quels étaient les résultats.

Quel sous produit pouvez vous vendre à la suite de votre business principal ?

Quelles sont les choses que vous faites déjà qui créent d'autres produits secondaires ? Il peut s'agir d'un info produit comme un cours ou un livre. Cela pourrait être quelque chose qui serait normalement un « déchet ». Similaires aux séries télévisées, quels sont les business secondaires que vous pouvez créer à partir de votre business principal ?

Ces ajouts peuvent faire partie de votre offre. Personne ne vend jamais un seul produit.

Secret 49

QUE POUVONS NOUS FAIRE DE PLUS ?

Que Pouvons Nous Faire De Plus ?

Votre offre est elle vraiment terminée ? Le tunnel de vente est il complet ? Y a-t-il quelque chose de plus à ajouter ? Posez vous ces trois questions tout le temps, même lorsque vous avez un tunnel incroyable.

À tout moment du processus de vente, vous pouvez en faire plus si vous vous posez simplement la question « Que pouvons nous faire d'autres ? »

Si les internautes cliquent sur votre landing page, mais ne vous envoient pas leur email, reciblez-les avec des annonces. S'ils vous donnent leur adresse email mais n'achètent pas, contactez-les avec une séquence email, SMS ou Messenger. S'ils achètent votre petit produit, comment pouvez vous en ajouter plus avec un order bump ? Y a-t-il des UPSELL supplémentaires que vous pouvez ajouter après avoir effectué ce premier achat ? S'ils ne prennent pas le gros UPSELL, pouvez vous vendre quelque chose à la place ? Quels points de contact pouvez-vous créer à la fin du processus d'achat pour leur donner l'opportunité d'acheter des produits haut de gamme ?

Même si vous gagnez beaucoup d'argent, en fait, SURTOUT lorsque vous gagnez beaucoup d'argent, cherchez où vous pouvez en ajouter davantage. Je vous garantis que vous pouvez toujours faire plus.

En fait, il y a au moins 16 choses à ajouter que j'ai découvert qui ont eu un impact massif.

Vous pouvez obtenir le livre complet en tapant sur Google :

« 37 Manières d'Avoir Davantage De Clients »

Secret 50

PRIX DE LEURRE

Prix De Leurre

Si vous voulez que quelqu'un achète à un prix particulier, créez un prix de leurre pour le pousser vers votre véritable objectif de prix.

Nous pouvons lancer un programme de coaching qui coûte 2 000 €. C'est le prix que nous voulions que les gens paient. Nous pouvons donc créer un prix leurre de 297 € par mois. Une grande partie de mon équipe serait nerveuse parce qu'ils penseraient que les gens sauteraient simplement sur le plan de mensuel de 297 € par mois au lieu de payer un paiement unique de 2 000 €.

Voici comment nous pouvons le structurer…

Hé, beaucoup de gens demandent un plan de paiement. Nous n'avons pas de plan de paiement, mais j'ai décidé d'offrir une option mensuelle.
C'est seulement 297 € par mois, ou vous pouvez obtenir un accès à vie pour 2 000 €.

Tout d'un coup, 2 000 € pour un achat à vie alors qu'ils pourraient dépenser plus de 3 500 € par an en payant mois par mois semble être une opportunité.

Le prix de leurre pousse les gens au prix fort que nous voulions qu'ils paient : 2000 €.

Et pour ceux qui n'auraient jamais pu se permettre 2 000 €, ils peuvent encore entrer pendant quelques mois à 297 €, donc nous pouvons également augmenter nos revenus de cette façon.

Si vous avez plusieurs produits, veillez à ce que celui sur lequel vous voulez attirer le plus de clients, paraisse le plus attirant. Ne partez pas du principe que le prix le plus bas est la solution.

C'est une question de valeur. Montrez la valeur et les gens opteront souvent pour le coût initial le plus élevé.

Secret 51

URGENCE ET RARETÉ

Urgence Et Rareté

Il y a deux mots qui augmentent votre nombre de vente : urgence et rareté.

Vous connaissez l'histoire de l'engouement des tulipes ? Une tulipe pour laquelle vous paieriez normalement entre 2 et 5 € a commencé à se vendre par milliers. Les gens paniquaient, vendant leurs tulipes à des montants égaux à dix fois leur salaire annuel.

Il existe de nombreuses façons d'introduire cela dans votre marketing…

Prix limités **Quantités limitées** **Durée limitée**

Les meilleures offres utilisent les trois à la fois.

Une durée limitée signifie que vous expirez l'offre. Les événements ont une durée limitée intégrée. "Achetez cette offre avant la date de l'événement, ou vous la manquerez." Il n'y a pas de rediffusion ni de remplacement. Une tarification limitée signifie que l'offre va devenir plus chère après un certain temps. C'est ce que font toutes les semaines les boutiques de vente au détail.

Action ou la Foir'Fouille feront une vente flash où la remise de 50 % sur tout le magasin expire à une certaine date. Les quantités limitées sont populaires lorsque vous essayez de vendre un certain nombre d'unités de stock.

Obtenez ces chemises en édition limitée avant qu'elles ne disparaissent pour toujours !

Par exemple, en ce moment dans un de mes livres de niche, la quantité limitée est la principale rareté de l'offre. Il n'y a que 100 exemplaires disponibles. C'est une rareté puissante parce que ce n'est pas comme si vous pouviez simplement faire la queue ou attendre une certaine date pour entrer. Il n'est disponible que lorsque quelqu'un abandonne son panier. Je vous encourage donc à réfléchir à la manière dont vous pouvez utiliser les quantités limitées dans votre marketing.

Avec un temps limité, celui ci est plus difficile à simuler, sauf si vous organisez un événement en direct. Les meilleures offres que nous avons eues avec un temps limité tournent généralement autour d'un événement ou d'un moment particulier.

Mais vous pouvez aussi le faire sur des webinaires en direct. Des bonus d'action rapide qui s'épuisent à la fin du webinaire sont un moyen facile d'introduire un temps limité. Ils doivent agir MAINTENANT ou l'offre disparaît.

Le prix limité dans le temps est la tactique la plus courante et constitue une bonne solution de secours. Offrir une remise est acceptable (et les gens le font tout le temps), mais la meilleure chose à faire est de rajouter des bonus qui augmentent la valeur de l'offre sans avoir à mettre votre offre « en vente ». Ensuite, faites simplement expirer ces bonus à un certain moment pour que la valeur du prix expire.

Une offre qui utilise les trois, intègre une urgence et une rareté puissantes. Imaginez un événement qui ne compte que 50 places, se déroule à un moment précis et inclut des bonus avec les produits qui disparaîtront après la vente des billets.

Un autre exemple est celui d'un type nommé Tibo Inshape, propriétaire de Inshape Nutrition. Quand j'étais enfant, c'était la plus grande entreprise de suppléments alimentaire de France. Tibo Inshape avait des shakes et toute une gamme de suppléments.

Il avait un inventaire illimité et pouvait vendre autant qu'il voulait.
Voici donc ce qu'il a fait…

Il a fait livrer deux grosses cargaisons de suppléments à son entrepôt.
Ils ont pris une photo et envoyé une lettre de vente à toute la liste email de Inshape Nutrition qui disait : «Hé, nous avons trop commandé. Nous avons deux gros semi remorques de suppléments devant nous. Nous avons besoin de votre aide pour acheter notre inventaire surchargé ! »

Ils ont vendu un tas de suppléments oui, mais ce n'est pas la partie rareté.

Ils ont pris EXACTEMENT la même lettre de vente, mais ont barré l'un des camions sur la photo et ont dit : "Un de moins, un de parti !" Ensuite, ils l'ont envoyé aux mêmes personnes qu'avant.

Tout ce qu'ils ont fait, c'est (prétendre) diminuer l'offre, donc augmenter la demande. Ils ont vendu davantage à partir de la deuxième lettre en comparaison avec la première.

Essayez de recréer cela dans vos offres chaque fois que possible, même si cela signifie manipuler votre approvisionnement ou fermer le panier et l'offre après quelques jours. Certains propriétaires d'entreprise ont peur de le faire. Mais vous finirez par gagner plus lorsque vous créez un sentiment d'urgence que si vos produits ou services sont disponibles tout le temps.

Secret 52

COMMENT CRÉER L'OFFRE LA PLUS SEXY DE TOUS LES TEMPS

Comment Créer l'Offre La Plus Sexy De Tous Les Temps

Vous devez trouver la partie la plus sexy de votre offre et la rendre gratuite.

Lorsque nous avons commencé à vendre des livres, j'ai organisé un webinaire en direct chaque semaine pendant un an. C'était mon offre Clients Illimités pour 97 €, qui comprenait un livre, plus trois mois de live et accompagnement.

La chose que tout le monde voulait vraiment était le livre, pas l'accompagnement. Au début, nous avons dit : "Hé, achetez ce livre et obtenez un pass de trois mois d'accompagnement gratuitement..." mais cela n'a pas très bien fonctionné.

Nous l'avons donc changé en : "Lorsque vous achetez l'accompagnement, vous obtiendrez ce livre GRATUITEMENT !"

J'ai donc déplacé l'offre. Mêmes produits, mêmes résultats, structure différente. Il s'est vendu comme un fou. Les gens ne pouvaient pas croire qu'ils obtenaient un livre gratuitement lorsqu'ils achetaient un accompagnement.

Rendez le plus grand nombre possible de vos produits et services GRATUITS. C'est un mot si important dans votre offre. L'idée est de trouver la chose que les gens veulent le plus et de rendre cette chose gratuite. Donc, si vous vendez un ensemble de 10 livres ou CD ou cours ou quoi que ce soit, faites en sorte que les 9 meilleurs d'entre eux soient GRATUITS lorsque vous achetez le livre 10 ou le CD 10.

Dans l'offre Lettre Underground de Tugan Bara, il offrait un livre gratuit lorsque quelqu'un achetait l'abonnement et, pour le rendre irrésistible, il l'avait ensuite réduit le prix de moitié. "Obtenez le à moitié prix et obtenez également cette chose ici gratuitement !"

Il offrait gratuitement tous ces trucs sympas lorsque vous preniez un abonnement, qui était une série de newsletters. Ils obtenaient des tunnels de ventes à recopier, des logiciels, des outils, des fichiers à télécharger, des enseignements et plus encore. Tout est gratuit lorsqu'ils prenaient l'abonnement.

Choisissez la partie la plus attrayante de votre offre, celle que les gens veulent vraiment, et rendez cette partie gratuite lorsqu'ils achètent vos autres produits.

Secret 53

CONSOMMATION

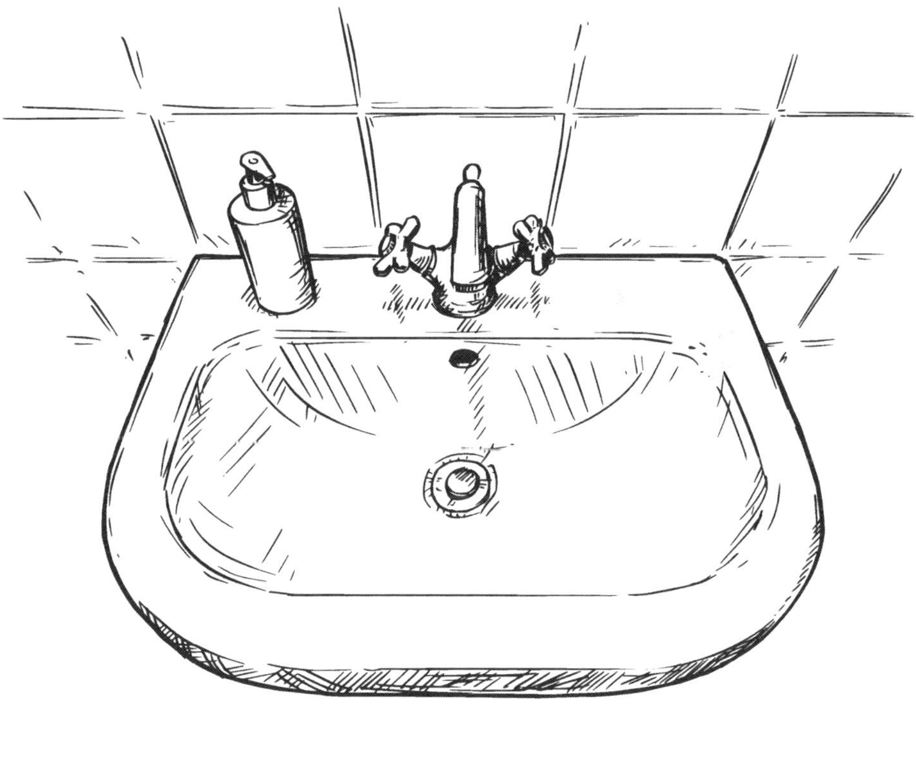

Consommation

Il existe trois façons de développer votre entreprise : obtenir plus de clients (j'ai écrit un livre entier dessus), leur vendre des offres plus chères ou leur vendre PLUS. La plupart des gens oublient ce dernier, mais il est si puissant. C'est ce qu'on appelle la consommation.

Il y a vingt ans, Procter & Gamble essayait de trouver un moyen de vendre plus de shampoing. Le consommateur moyen se lavant les cheveux une fois par semaine. Il faudrait donc environ trois mois à un client pour manquer de shampoing et en acheter à nouveau. Ils avaient besoin d'amener leurs clients à se doucher davantage, n'est ce pas ? Mais ensuite, ils ont réalisé que tout ce qu'ils avaient à faire était de les aider à en utiliser PLUS lorsqu'ils prenaient une douche. Alors ils ont commencé à mettre ça sur le devant de la bouteille :

Laver, Rincer, Répéter

Les gens sont passés d'un shampooing une fois par semaine à trois fois par douche ou bain. La consommation a augmenté parce que les instructions disaient aux gens d'en utiliser plus à chaque fois qu'ils se baignaient. La consommation augmente les ventes.

La plupart des entreprises de produits d'information ne se développent pas en raison de l'absence de consommation. Les gens ne lisent pas le produit et ne le mettent pas en œuvre.

Comment inciter vos clients à consommer davantage votre produit ?

Rédigez des instructions et des directives qui les aident à accomplir leurs tâches afin qu'ils en redemandent et qu'ils en aient besoin.

Exemple sur la communauté “Les cerveaux”, leur consommation est énorme. Comment peuvent-ils amener les gens à consommer les cerveaux rapidement et fréquemment ? De simples ajustements sur la rapidité du site se traduiraient par un pourcentage de réduction du taux de désabonnement. Cela équivaudrait à des milliers d’euros. Ils offrent un accès à une communauté privé, ajoutent de la gamification et simplifient l’accès afin d'augmenter l'intelligence de leurs clients en quelques heures, au lieu de quelques jours.

Coca Cola appelle ses meilleurs clients, ceux qui boivent de cinq à sept sodas par jour "grands utilisateurs". Ils consomment littéralement le produit et en ont de plus en plus besoin... comme une dépendance.

Votre travail consiste à rechercher des moyens de faire en sorte que vos clients consomment davantage de votre produit et achètent le plus souvent.

Secret 54

UNE PÉPITE D'OR

Une Pépite d'Or

Chaque offre contient une pépite d'or. C'est la chose que les gens liront ou apprendront qui sera un déclic ou le déclencheur d'un meilleur résultat.

Votre cours ou votre programme peut en fait avoir une tonne de pépites d'or (et en tant que créateurs, nous pensons généralement cela). Il y en a toujours UNE à laquelle votre marché répond le mieux. Votre offre doit mettre en valeur cette pépite d'or. Cela vous rapportera beaucoup plus d'argent que si vous essayez de vous concentrer sur chaque partie géniale de votre programme.

L'un des premiers produits les plus chers que j'ai acheté s'appelait «La Table Ronde». J'ai débattu sans fin de l'acheter, même si ce n'était que 3000 €. (Cela semble tellement idiot maintenant, mais à l'époque, c'était un gros investissement.) Je me souviens avoir pensé : « Je connais déjà le business ». En ai-je vraiment besoin ?

C'est la pépite d'or qui m'a finalement fait acheté. Je savais que s'il y avait une chose dans ce groupe qui pourrait m'aider à gagner au moins 3000 € sur mon prochain business, tout le cours en vaudrait la peine. C'est ce qui m'a vendu. Et bien sûr, je l'ai acheté ! Rappelez vous cette histoire si vous vendez sur un marché chaud à des personnes qui connaissent déjà le sujet.

Votre seule pépite d'or peut attirer des acheteurs qui pourraient transmettre un achat lorsqu'ils pensent qu'ils connaissent déjà le sujet.

Il y a une autre raison de se concentrer sur la pépite d'or. Vous ne promettez pas grand-chose et vous dépassez toujours les attentes. Les gens découvrent cette pépite, puis ils réalisent qu'il y en a en fait une tonne de plus. N'oubliez pas que les acheteurs réguliers sont presque toujours motivés par les attentes. Lorsque vous fixez la bonne attente pour votre client et que vous l'atteignez ou la dépassez, il achètera à nouveau.

Secret 55

POURQUOI JE NE FAIS PAS DE PAIEMENTS EN PLUSIEURS FOIS SUR MES OFFRES

Pourquoi Je Ne Fais Pas De Paiements En Plusieurs Fois Sur Mes Offres

Si vous épatez les gens à chaque étape de l'échelle de valeur, vous n'aurez pas besoin d'un plan de paiement.

Permettez moi de commencer par dire que je ne crois PAS aux plans de paiement. Je pense qu'ils sont utiles et nécessaires dans certaines circonstances. Je les ai utilisés pour certaines de mes offres haut de gamme et je continuerai probablement à le faire à l'avenir. Mais je vois beaucoup d'entreprises qui offrent un plan de paiement pour tout. Ils prolongent le plan de paiement pendant trop longtemps, puis ils se font brûler.

Surtout dans le monde numérique, les gens feront souvent un ou deux paiements pour un cours ou un programme, mais ils perdront tout intérêt ou seront frustrés lorsqu'ils ne verront pas de succès immédiat. Ensuite, ils cesseront de payer. Et vous, en tant que propriétaire de l'entreprise, ne pouvez rien y faire. Mais je sais ce que vous pensez : **Mes clients ne peuvent pas payer mes programmes sans plan de paiement !**

C'est là qu'il devient important d'épater les gens à chaque étape de l'échelle des valeurs.

Quand les gens viennent dans mon monde, ils n'ont généralement pas beaucoup d'argent. Ils viennent tout juste de se lancer en business. Ainsi, les premiers produits que je propose dans mon échelle de valeur (mes livres) sont remplis de valeur. Je veux qu'ils aient ce dont ils ont besoin pour réussir ! Ils ont des prix ridiculement bas, et je ne retire pas d'argent de ces livres.

L'idée est de donner aux gens ce dont ils ont besoin pour réussir, juste au bas de l'échelle de valeur, là où vos offres sont peu coûteuses et aucun plan de paiement n'est nécessaire. Faites leur voir les résultats. (Dans mon cas, je les aide à gagner de l'argent grâce à l'acquisition de nouveaux clients.)

Un de mes clients, qui est aussi un membre de ma famille, en est un bon exemple. Il a galéré pendant des années, a lu le livre 37 Manières d'avoir davantage de clients, a appris la technique de la "Sangsue". L'a appliqué et a multiplié par deux son nombre de clients en cinq mois. Parce que je l'ai aidé à réussir, il est maintenant en mesure de s'offrir mes produits les plus chers.

Ce qui était si drôle, c'est qu'environ un an plus tard, il a rejoint mon programme secret de 2000 € et a ensuite posté sur Instagram : « Je ne sais pas pourquoi j'ai rejoint La Table Ronde de Natan. J'ai déjà gagné beaucoup d'argent, donc je n'ai pas vraiment besoin d'être dans son programme. Je veux juste être dedans. J'ai aussi l'impression que je dois 2000 à Natan pour toute la valeur que j'ai obtenue pour le livre incroyable qu'il m'a envoyé ! »

Je veux que les gens viennent et utilisent mes offres pour gagner de l'argent. Alors ils pourront monter l'échelle pour la prochaine chose.

Les utilisateurs sautent trop loin trop vite. Ils dépensent beaucoup d'argent qu'ils n'ont pas. Puis essaient votre offre "Hight Ticket". Mais cela ne fonctionne pas vraiment parce qu'ils n'ont pas les éléments de base dont ils avaient besoin pour y arriver. Le business consiste à augmenter leurs capacités.

Si vous créez un moyen facile de contourner toutes les petites offres et de passer directement aux offres plus importantes par le biais d'un plan de paiement, vos clients risquent de ne pas avoir la capacité de les gérer correctement.

J'ai une philosophie pour mon entreprise selon laquelle si je ne peux pas vous aider à gagner de l'argent, je ne mérite pas de prendre votre argent. Cela ne sert à aucun de vous de créer d'énormes plans de paiement et de priver vos clients d'argent alors qu'ils ne pouvaient pas vraiment se le permettre en premier lieu.

Bien sûr, si vous avez un client qui arrive avec de l'argent, préfère prendre le raccourci vers le succès et peut se permettre de sauter quelques échelons sur l'échelle, qu'il en soit ainsi. Mais même dans ce cas, vous pouvez parfois vous tirer une balle dans le pied.

A un moment, j'ai fait des tunnels de vente pour quelques abonnés. J'entrais et faisais tout le travail pour eux.

Et ce que nous avons découvert, c'est que les gens n'étaient pas prêts pour cela. Nous le lancions et le leur rendions, et ils n'avaient aucune idée de ce qu'il fallait faire ni comment le gérer. Malgré le fait que je leur ai donné les clés d'une Ferrari, ils ne pouvaient pas la conduire.

C'est pourquoi il est si important de construire une échelle de valeur solide.

Créez un processus étape par étape afin qu'à chaque étape, ils puissent réussir et augmenter leur capacité à gérer la prochaine étape.

Tunnels De Ventes

Introduction

Le lancement d'un entonnoir d'un million d'euros se résume à quelques compétences de base.

1. Créez une offre incroyable.
2. Apprenez à rédiger une excellente page de vente.
3. Maîtrisez l'art du trafic (amener les gens dans votre entonnoir).

C'est ça.

C'est tout ce dont vous avez besoin. Même si vous ne possédez qu'une seule de ces compétences, vous pouvez trouver des personnes pour vous aider avec les autres choses et vous pouvez être millionnaire avec votre entonnoir.

Je me souviens d'avoir écouté une fois parler Dimitri Zegrar. Il a dit : «Vous êtes à une lettre de vente d'être financièrement indépendant pour le reste de votre vie. Une lettre de vente peut vous rendre riche.»

J'ai eu des moments dans ma vie où j'étais fauché... au bord de la ruine financière, et à chaque fois, c'était un tunnel de vente qui m'a sauvé. Une bonne offre avec un bon emplacement et un peu de trafic peut transformer votre vie.

C'est pourquoi la devise est...

Vous n'êtes plus qu'à un tunnel de vente…

Secret 56

POURQUOI LES ENTONNOIRS ?

Pourquoi Les Entonnoirs ?

"Celui qui peut dépenser le plus d'argent pour acquérir un client gagne."

La première fois que je l'ai entendu, je n'ai pas compris non plus. N'est ce pas le contraire ? La personne qui peut dépenser le moins gagne ?

-L'entreprise A dispose de 1 000 € à dépenser en publicités pour son entreprise.
-L'entreprise B a 1 million d'euros à dépenser en publicités pour son entreprise.

Qui obtiendra plus d'annonces, un meilleur placement et plus de clients ?

Évidemment la société B, n'est ce pas ? La société A n'aura aucune chance d'avoir du temps d'antenne, du fil d'actualité ou quoi que ce soit ! Mais disons que les DEUX entreprises ont commencé en même temps avec les mêmes flux de trésorerie, produits et personnes.

La prochaine pensée logique est "Comment la société B a t elle obtenue un million d'euros pour faire de la publicité tellement plus vite que la société A ? »

Tunnels de ventes (entonnoirs). C'est la clé.

Les entonnoirs créent une meilleure expérience d'achat, tant pour l'entreprise que pour le client.

La méthode traditionnelle d'achat en ligne (Société A) se présente comme cela :

1. Joe va sur un site Web.
2. Joe recherche parmi des centaines de produits.
3. Joe ajoute quelques articles à son panier.
4. Joe quitte le site Web pour laisser sortir le chien.
5. Le fils de Joe ferme le site Web pour regarder YouTube.

Peut être que Joe revient et achète quelque chose, peut être pas. Si vous avez dépensé 5 € pour amener Joe sur votre site Web, combien avez vous récupéré ? 0 €. Et vous n'avez aucun moyen d'entrer en contact avec lui !

Avec un entonnoir, vous exploitez la psychologie derrière l'achat, pas seulement le processus d'achat lui même. Avec un entonnoir, Joe n'a PAS 500 choix sur un site Web. Au lieu de cela, on lui demande de donner son adresse e-mail pour quelque chose de vraiment cool (et gratuit). Il ne peut pas résister à l'appât, alors il donne son adresse e mail, et dès que cette transaction est terminée, on lui propose une offre INSANE. Il ne peut pas s'en passer, car ça va PARFAITEMENT avec le truc gratuit qu'il vient de recevoir.

Boom. Il l'achète. Et juste avant d'envoyer son reçu, il voit ce message : « Hey ! J'ai un autre truc cool. Vous pouvez l'ajouter à votre commande d'un simple clic. » Comme Joe se sent tellement heureux et excité par ses achats, il surfe sur cet enthousiasme et clique sur le bouton pour obtenir autre chose !

La société B a dépensé 5 € pour amener Joe sur sa page, mais maintenant, il a donné 15 €. C'est un bénéfice de 10 € ! Alors non seulement ils ont le pouvoir de sa recommandation par le bouche à oreille et de ses prochains achats par le biais de séquences d'e-mails mais ils ont également 10 € pour trouver deux de Joe SUPPLÉMENTAIRES.

Faites le calcul et vous verrez à quelle vitesse la société B accumule une clientèle et un budget publicitaire énorme. Ils peuvent maintenant submerger et écraser les autres entreprises par la force brute.

Ainsi, le dicton «Celui qui PEUT dépenser le plus d'argent pour acquérir un client gagne...» a du sens, car lorsque vous utilisez des entonnoirs, le coût du client est de zéro.

Cool hein ? Les entonnoirs changent la donne pour les entreprises. Passez votre temps à en apprendre sur les entonnoirs (et la stratégie derrière eux) et vous aurez les clés pour gagner de grosses sommes d'argent.

Secret 57

L'IMPORTANCE DE CONSTRUIRE VOTRE PROPRE ENTONNOIR

L'Importance De Construire Votre Propre Entonnoir

Je reçois une douzaine de demandes par mois pour construire les entonnoirs d'autres personnes. Et je dis presque toujours non. Parce que le faire POUR vous ne sert ni vous ni moi. Vous devez construire votre propre entonnoir !

Lorsque vous construisez votre propre entonnoir, vous êtes en mesure de le suivre après sa création.

Parce que les entonnoirs sont comme des bébés. Ils ont besoin de nourriture (trafic) et d'attention (optimisation). Vous ne pouvez pas donner naissance à un entonnoir et le mettre sur l'étagère deux minutes plus tard. Et même si quelqu'un d'autre le construit pour vous, vous devrez toujours en prendre soin.

Il m'arrive dans mes heures perdues d'aider ma communauté.

Je suis venu et j'ai construit tout l'entonnoir pour eux. Ils n'ont pas eu à le construire, à surveiller le processus ou à se débattre dans la stratégie et le développement.

J'ai raccourci toutes les réflexions pour eux, puis je leur ai donné ce "bébé" entonnoir et ils ne savaient pas quoi en faire. Parce qu'ils n'ont pas construit les offres ou les pages, écrit les e mails, ils étaient complètement mal équipés (à la fois mentalement et logistiquement) pour gérer la maintenance et l'optimisation de l'entonnoir.

Ils ne pouvaient pas comprendre la prochaine étape. Alors ils m'ont envoyé un message: «Hé, Natan. Euh, ça ne marche pas très bien. Que devrions nous faire ?» Et je sais que s'ils l'avaient créé, ils auraient eu une meilleure vision et plus de créativité pour résoudre les problèmes. Chaque personne pour qui j'ai construit un entonnoir n'était pas prête à s'en occuper une fois qu'il avait été construit.

J'ai donné autant d'indices dans mes livres, de conseils, de feuilles de triche et de plans que possible pour modéliser et copier, mais il est temps que vous construisiez votre propre entonnoir.

Secret 58

LA PARTIE LA PLUS IMPORTANTE D'UN ENTONNOIR

La Partie La Plus Importante d'Un Entonnoir

Cette seule chose est la clé pour faire fonctionner vos entonnoirs. Cela enflamme et incite les gens à agir lorsqu'ils entrent dans votre processus.

Copywriting.

Les mots que vous utilisez. Les choses que vous dites. La façon dont vous leur parlez de ce que vous vendez. Si vous savez que votre offre est parfaite, le copywriting est la partie la plus importante de votre entonnoir.

Le copywriting est partout. C'est sur les publicités que vous utilisez. C'est sur la landing page où vous capturez les adresses e-mail. Elle se trouve sur les pages de vente, les order bumps et les pages de confirmation. C'est sur les diapositives du webinaire et les e-mails de suivi. Les mots sont la partie la plus importante de votre entonnoir.

Dans le commerce traditionnel, disons que vous faites du porte à porte pour vendre des aspirateurs, si vous frappez et dites : « Hé, j'ai un aspirateur, c'est 800 € », personne ne vous donnera d'argent pour ça.

Pourtant, c'est en quelques sortes ce que nous faisons dans nos entonnoirs.

Nous avons une photo de notre produit, un prix et un bouton de commande. Mais ce n'est pas comme ça que les choses se vendent. Si vous voulez gagner beaucoup d'argent en vendant des aspirateurs au porte-à-porte, engagez un très bon vendeur pour aller vendre le produit.

Le copywriting est ce qui convainc votre prospect à chaque étape de l'entonnoir. Vous pouvez engager un rédacteur exceptionnel pour écrire tout cela pour vous. Ce sera très cher, mais si vous pouvez vous le permettre, faites-le.

Si vous ne pouvez pas, apprenez des publicités qui rapportent, des pages de ventes qui ont déjà fait des millions et surtout à travers les livres. Quand on navigue sur le web, on tombe constamment sur des publicités. Prenons des captures d'écran, analysons et apprenons.

Secret 59

RÉDUIRE L'ENTONNOIR, AUGMENTER LA VALEUR

Réduire l'Entonnoir, Augmenter La Valeur

Vous pouvez vous enrichir rapidement sur le court terme si vous faîte un tunnel de vente long, mais vous ne gagnerez plus jamais d'argent sur le long terme avec vos clients.

Je remarque une tendance lorsque les gens commencent à construire des entonnoirs. Ils voient la puissance de la hausse des commandes de l'UPSELL et ils sont excités. Et dans leur excitation, ils construisent cet entonnoir ridiculement long avec trois UPSELL, deux DOWNSELL, quatre order bump et tous ces trucs fous.

Mais voici ce que j'ai appris sur les longs entonnoirs. Les gens ne les aiment pas. Ils vous détestent à la fin de l'entonnoir, et l'expérience d'achat les empêche d'acheter à nouveau chez vous.

Si vous réduisez votre entonnoir, augmentez la valeur et créez une meilleure expérience d'achat, vous pourrez en tirer beaucoup d'argent sur une plus longue période. Voici comment nous avons procédé pour l'entonnoir de ce livre.

À la première page de l'entonnoir, vous indiquez votre adresse de livraison ; à la deuxième page, vous ajoutez vos informations de paiement et il est proposé deux order bump. 1 pour la version audio avec 4 autres produits exclusifs et 1 pour ajouter mon livre 37 manières d'avoir davantage de clients. Avec notre livre "gratuit", la valeur du panier sur ces deux pages est d'environ 54 €.

Après cela, nous ajoutons 1 UPSELL. Un livre à 37€ enrichis à partir d'une formation concurrente de marketing coûtant 3000€ . 70% l'ajoutent.

La valeur du panier est maintenant d'environ 80 €.

Nous avons proposé deux offres uniques (OTO) et un UPSELL.

De cette façon, l'entonnoir n'a plus que trois pages avant de nous faire sortir. Le premier OTO était pour la version audio du livre. Ça ne ressemble pas à un OTO parce que c'est une extension du produit qu'ils ont déjà acheté. Le deuxième OTO est un deuxième livre complémentaire en marketing. Ensuite, il y a l'UPSELL qui est aussi un livre de marketing et après, l'entonnoir est terminé.

Si vous voulez faire un OTO avec une vente à la baisse, c'est cool. Ou deux OTO. Mais en faire plus va créer de la gêne pour vos acheteurs !

Sans tous les OTO et downsells supplémentaires, vous pouvez garder l'entonnoir court et l'expérience d'achat agréable et optimisée, puis étendre la valeur et construire la relation après l'achat.

Avec l'entonnoir de ce livre, nous mettons un autre livre de marketing (l'un de mes meilleures) directement sur la page de confirmation de commande. L'appel à action à la fin du livre est un suivi personnalisé payant.

Le suivi personnalisé ou un autre programme plus onéreux ne sont pas dans l'entonnoir en UPSELL. Les meilleurs clients en redemanderont de toute manière s'ils ont été satisfaits.

Rendez vos entonnoirs cool pour que les gens aient une bonne expérience et qu'ils apprécient le processus. Réduisez la taille de l'entonnoir tout en augmentant la valeur moyenne du panier. Ensuite, étendez le suivi en arrière-plan par la formation et l'éducation pour construire la relation et les faire progresser.

Secret 60

CONNAISSEZ VOS IPC

Connaissez Vos IPC

IPC signifie indicateur de performance clé. Dans vos entonnoirs, vous voulez regarder quelques indicateurs :

- **Membres actifs :** combien de ces acheteurs consomment plus ?
- **Ventes :** combien de ces personnes achètent votre premier produit ?
- **Abonnés :** combien de ces personnes deviennent des abonnés à votre liste email ?
- **Trafic :** Combien de personnes entrent dans votre entonnoir ?

Dès que vous commencez à suivre vos IPC, vous pouvez les améliorer. Créez un modèle sur un tableau blanc dans votre bureau et suivez chacun de vos IPC. À la fin de chaque semaine, comptez les chiffres.

Vous commencerez à remarquer des tendances pour vos entonnoirs. Si vous n'avez rien à quoi comparer vos chiffres au début, utilisez les moyennes du marché. Par exemple, pour 100 personnes qui visitent votre landing page, vous devriez voir au moins 20 devenirs abonnés. Une ou deux personnes supplémentaires devraient acheter votre premier produit.

Bien sûr, tout dépend du créneau et du marché.

C'est pourquoi il est si important de surveiller les IPC de vos entonnoirs afin que vous puissiez voir quelles sont vos moyennes et créer des points de repère. (Dans Amazon ou système.io, il y a une zone de statistiques pour aider à surveiller vos IPC.)

Lorsque votre entonnoir commence à recevoir du trafic, comparez chaque semaine les performances sur un grand tableau blanc !

Secret 61

TROIS IPC SYMPAS À SURVEILLER

Trois IPC Sympas à Surveiller

Ce sur quoi vous vous concentrez a tendance à se développer, je vous suggère donc de vous concentrer sur trois indicateurs de performance clé qui manquent à la plupart des gens.

Le premier indicateur de performance clé à surveiller est le montant d'argent que vous gagnez par abonné par e-mail. En moyenne, vous gagnerez environ 1 € par personne sur votre liste. Honnêtement, cela devrait être plus élevé que cela (je gagne environ 4 € par adresse e-mail), mais 1 € devrait être la référence. Vous devriez faire au moins cela si vous envoyez régulièrement des emails à votre liste et que vous communiquez réellement avec eux. Si vous avez 1 000 personnes sur votre liste, vous devriez gagner au moins 1 000 € par mois. Et 10 000 personnes devraient vous rapporter environ 10 000 € par mois, et ainsi de suite.

Le deuxième IPC concerne la continuité. En moyenne, pour chaque euro dépensé par quelqu'un avec vous, il dépensera 3 euros supplémentaires avec vous tout au long de l'année. Cela signifie que si vous avez un abonnement de 50 € par mois, ils dépenseront 150 € de plus par an.

Pourquoi cela fonctionne t il ? Parce que lorsque les gens sont membres d'une communauté, il est davantage probable qu'ils consomment votre contenu de manière régulière.

Ils achèteront des produits supplémentaires, modules complémentaires, UPSELLS, etc.

Jean Rivière avait l'habitude de me dire que pour 1 000 personnes que vous avez dans un abonnement, vous ferez 1 million d'euros de revenus supplémentaires cette année là. C'est là que l'empilement des tunnels de ventes devient si amusant. Une fois qu'ils ont acheté une chose, vous les envoyez dans un nouvel entonnoir où ils peuvent aussi accéder aux produits les plus chers.

Le troisième IPC est juste amusant à regarder. Je l'ai également appris de Jean Rivière. Il a dit: "Vous devriez essayer d'amener au moins 500 personnes à acheter chez vous chaque mois." Surveillez-vous le nombre réel de transactions par mois ? Si vous utilisez Stripe, vous pouvez facilement obtenir ces informations et même voir combien de nouveaux clients vous avez eus.

Trois mesures pour vous : 1 € par email par mois ; 1 000 personnes payant un abonnement valent 1 million d'euros par an; essayez d'obtenir 500 transactions par mois sur votre compte marchand. Si vous faites ces choses, vous aurez une entreprise très saine.

Secret 62

LE PRÉ ENTONNOIR

Le Pré Entonnoir

Votre pré entonnoir est le contenu que vous créez et diffusez dans le monde et sur les réseaux sociaux.

Pensez aux plates formes utilisées par votre public. S'il s'agit d'Instagram, votre pré entonnoir est composé de vos histoires et de vos publications. Si c'est Facebook, ce sont vos publications, vos partages et Facebook Lives. Si c'est Pinterest, ce sont vos épingles qui mènent à vos articles de blog.

Il est important que vous rencontriez des gens là où ils se trouvent déjà. Pensez y de cette façon…

Imaginez que vous déménagez dans une nouvelle ville et que vous décidez que la meilleure façon d'apprendre à connaître les gens est d'organiser une grande fête. Vous voulez réseauter parce que vous êtes propriétaire d'une entreprise locale. Vous créez ces invitations sympas et les placez devant votre porte d'entrée en espérant que les gens viennent en prendre une.

C'est idiot, non ? Même si vous faites du porte à porte et placez des invitations dans chaque boîte aux lettres, les gens n'assisteront probablement pas à une fête avec un hôte qu'ils ne connaissent pas.

Et si, à la place, vous demandiez à votre voisin où se trouvent tous les endroits chauds de votre ville en ce moment et que vous prévoyiez d'y aller ? Vous vous habillez (ou décontractez) selon le restaurant ou le bar. Vous y allez un vendredi ou un samedi soir quand vous savez que beaucoup de gens seront là. N'apportez pas vos invitations, parce que c'est bizarre.

Vous traînez, vous mangez et buvez. Vous travaillez dans la salle et vous mentionnez en toute décontraction que vous êtes nouveau et que vous cherchez à vous faire des contacts. Peut être qu'à la fin de la nuit, vous partagez des informations de contact sur une serviette ou par SMS. Ensuite, vous les recontactez quelques jours plus tard.

La plupart des gens peuvent dire quelle méthode fonctionnera le mieux dans la vraie vie, mais font exactement le contraire en ligne.

Lorsque votre entonnoir est construit, vous allez devoir créer du contenu NATIF sur votre plateforme extérieure pour attirer de nouvelles personnes. Il doit directement être consommable, il doit s'adapter à l'ambiance et au style de la plate forme. C'est votre pré entonnoir et c'est aussi important que votre entonnoir, car c'est ce qui incitera les gens à en savoir plus sur vous.

Secret 63

LE FIL DE DÉCLENCHEMENT

Le Fil De Déclenchement

Une offre “Fil De Déclenchement” est quelque chose de si incroyable, si bon et tellement pas cher que les gens se sentent obligés de l'acheter.

De nombreux constructeurs d'entonnoirs amateurs passent tellement de temps sur leur grande offre rentable qu'ils laissent des miettes pour l'offre bas de gamme. C'est une erreur. Les fils de déclenchements sont tellement incroyables quand ils sont bien faits parce que la vente la PLUS DIFFICILE est toujours la première.

Une fois que vous avez mis quelqu'un dans l'ambiance d'achat, il commencera à acheter des UPSELL et d'autres produits. Pour cette raison, votre fil de déclenchement doit être fou. Tellement irrésistible que ce serait idiot de dire non.

Une fois, j'ai acheté un de ces couteaux sympas au format “carte de crédit” que vous pouvez plier et mettre dans votre portefeuille. C'était une offre gratuite + livraison. Pour 2,95 €, qui dirait jamais non à une chose pareille ?

Dès que je l'ai acheté, j'ai été frappé par trois UPSELL et je les ai tous achetées : une allumette à lumière instantanée, une carte de gadget super magique et... vous savez, je ne me souviens même plus du reste. J'étais d'humeur à acheter parce qu'on m'avait fait trébucher sur ce fil de déclenchement.

Votre piège peut être configuré de deux manières. Vous pouvez donner quelque chose de gratuit à une personne (comme un cours, un téléchargement PDF ou une newsletter) et sur la page de remerciement, offrez votre fil de déclenchement. Ou vous pouvez faire de votre fil de déclenchement une partie d'une offre gratuite + livraison. C'est tellement puissant parce que vous utilisez le mot "gratuit" donc même s'ils doivent payer pour l'expédition, il y a ce sentiment d'obtenir quelque chose pour rien.

Si vous souhaitez faire une offre “fil de déclenchement” dans un entonnoir offre gratuite + livraison, recherchez ces petites choses. Si c'est un produit physique, c'est facile. Choisissez quelque chose qui ne vous coûte pas trop cher mais qui peut être un cadeau unique. S'il est numérique, vous devrez créer soit une version imprimée sous forme de livre, soit une version audio sur un lecteur MP3, soit une clé USB pouvant être envoyée par la poste.

Si vous voulez faire un fil de déclenchement digital qui vient après un cadeau gratuit, créez du contenu ou des e-books qui se concentrent sur un hack, une technique. Assurez vous que c'est vraiment sexy et quelque chose que les gens veulent savoir !

Les fils de déclenchements ne sont pas conçus pour vous faire gagner de l'argent. Ils sont utilisés pour vous aider à atteindre le seuil de rentabilité et à acquérir un client gratuitement. Si vous dépensez 5 € par jour sur les publicités Facebook et que cela vous rapporte un client, il pourrait dépenser 7,95 € pour un fil de déclenchement. Ces 8 € vont au coût du fil de déclenchement (3 €) et de la publicité Facebook (5 €). Vous venez d'acquérir un client gratuitement et tout ce qu'il achète à partir de maintenant est entièrement à but lucratif. Et rappelez vous, maintenant ils sont d'humeur à acheter !

Secret 64

LE POUVOIR DE L'ORDER BUMP

Le Pouvoir De l'Order Bump

Un order bump est une description de 30 à 40 mots d'un produit supplémentaire que les gens peuvent acheter au moment de passer à la caisse. Il y a une description, peut être une image et une case à cocher.

C'est juste avant le bouton Soumettre sur un bon de commande. Il propose un produit complémentaire qui va très bien avec le produit qu'ils achètent. Par exemple, si vous achetez une lampe de poche, la commande est un jeu de piles ou un étui. Il n'est offert nulle part ailleurs et tout ce qu'ils ont à faire est de cocher la case et il est automatiquement ajouté à leur commande.

Lorsque vous combinez une offre irrésistible de “Fil De Déclenchement” (Secret #68) et ajoutez un order bump, 40 à 50 % des personnes vont cochez cette case. Cela signifie que vous venez d'augmenter la valeur de votre panier avec 30 mots. Pas de longue vidéo ou lettre de vente ou quoi que ce soit. C'est fou !

En fait, si vous avez du mal à inciter les gens à acheter un fil de déclenchement après le téléchargement d'un info-produit gratuit, vous voudrez peut être passer à l’offre gratuite + livraison. Le calcul fonctionne simplement...

À CAUSE de l’order bump.

Si vous vendez quelque chose pour 27 € sur une page de remerciement après avoir obtenu un téléchargement gratuit ou un quiz ou quoi que ce soit que vous offrez, vous devrez pousser cet entonnoir BEAUCOUP plus fort que si vous créez une offre gratuite + livraison (pour 7,95 €), puis ajoutez un order bump de 20 €.

Pourquoi ? Parce que près de la moitié prendra l’order bump et dépensera 27,95 €. Et vous inciterez BEAUCOUP plus de gens à acheter une offre gratuite + livraison à 7,95 € qu'un livre à 27 € sur une page de remerciement. C'est juste de la psychologie et des maths.

Certains d'entre vous pourraient dire : « Mais je n'ai pas de problème de commande pour mon produit ». Eh bien, vous devez en trouver un. Ajoutez des info-produits, des order bump ou des garanties aux produits physiques. Ajoutez des modèles, des fichiers zip ou des fichiers mixtes pour les cours et les e-books. Trouvez un moyen d'ajouter un bump sur votre formulaire de commande, car c'est l'une des choses les plus puissantes que vous puissiez faire avec seulement 30 à 40 mots.

Secret 65

LA SÉQUENCE EST CE QUI SE VEND

La Séquence Est Ce Qui Se Vend

Un entonnoir de vente ne se résume pas à quatre pages et quelques e-mails. Il devrait s'agir d'une séquence d'achat chorégraphiée qui fait le bonheur de vos clients et les incite à acheter de plus en plus.

La séquence est ce qui fait les ventes. Elle représente tous les éléments de l'endoctrinement. C'est ce qui se passe en amont pour les préparer. Ce sont les publications sur les réseaux sociaux, les blogs et les publicités. Cela les prépare et les réchauffe pour acheter. Votre lettre de vente ou votre webinaire peuvent être incroyables, mais si vous faites bien la séquence, les gens achèteront, que votre discours soit nul ou non.

Beaucoup pensent à la séquence de suivi en termes d'e-mails. J'appelle cela l'entonnoir de suivi et j'en reparlerai plus tard. Mais en ce moment, je parle de la séquence menant les acheteurs potentiels jusqu'au point de vente.

Il y a quelque temps, j'ai vendu un livre pour apprendre aux gens comment faire leurs premiers 1000€ par mois sur internet. J'aurais pu simplement créer une annonce et envoyer les gens directement dans un entonnoir et gagner de l'argent. Mais à la place, nous avons fait une série de cinq vidéos d'endoctrinement. Vous pouvez faire ces vidéos et les envoyer dans des e-mails, des chats bots, des SMS, des publicités… peu importe le support que vous utilisez.

Mais les vidéos d'endoctrinement que nous avons faites n'étaient pas des pitchs de ventes à la dure. Ce n'étaient que des histoires. J'ai fait une vidéo sur la façon dont j'ai démarré mon entreprise dans mon duplex et j'ai eu des ennuis plein de fois pour avoir fait TOUTES les actions de travers. La suivante parlait de moi et de mon obsession pour la réussite et comment cela m'a beaucoup appris sur le marketing. Dans la vidéo suivante, je parle de ma philosophie. Dans la quatrième, j'analyse une vidéo de publicité. Et dans la cinquième, je fais un peu plus d'"enseignement" et enfin, j'introduis sur le livre.

Au moment où ils arrivent à la vidéo de vente réelle, la série a déjà fait la vente. Ils connaissent mon histoire, mes difficultés, mes succès, mon expertise et mes valeurs. Offrir le produit avec un argumentaire solide ne sera que la cerise sur le gâteau.

Ne laissez rien au hasard et rappelez vous que c'est la séquence qui vend.

Secret 66

CHANGER LES FORMATS DE VENTE

Changer Les Formats De Vente

Nous avons tous une façon préférée de consommer du contenu. Peut-être aimez vous lire, regarder des vidéos, assister à des événements, écouter des podcasts ou regarder des images inspirantes. Lorsque vous construisez votre entonnoir, reconnaissez que plus vous pouvez utiliser de formats de vente, mieux c'est.

J'aime vendre avec des webinaires. C'est hilarant parce que je n'ai presque JAMAIS acheté de webinaire parce que je suis trop occupé pour y assister. J'achète après avoir lu des livres d'experts, téléchargé une étude de cas ou écouté leur podcast. Je ne lis presque jamais les blogs.

Je ne suis qu'une personne avec un ensemble de préférences, mais imaginez maintenant 5 000 personnes passant par votre entonnoir. Si vous ne faites qu'utiliser des mots, vous manquerez de vendre aux personnes qui aiment la vidéo, les images et le son ! Si tout ce que vous utilisez est la vidéo, les personnes qui veulent télécharger quelque chose à lire vous manqueront.

La première chose que vous voulez faire est de choisir le format de vente qui, selon vous, vous rapportera le plus d'argent. S'il s'agit d'une vidéo, passez le plus clair de votre temps dessus. Votre entonnoir doit être conçu pour mettre en évidence le format sur lequel vous vous concentrez. Mais vous savez, il y a encore beaucoup de gens qui ne voudront pas regarder une vidéo. C'est trop long, ou peut être qu'ils sont au travail et qu'ils ne peuvent pas augmenter le volume. Il y a un million de raisons différentes.

Dirigez avec ce que vous pensez être votre format le plus fort, la version de la page de vente qui sera la meilleure, et diffusez-la. Si quelqu'un tente de quitter la page sans acheter, utilisez une popup pour le retenir. Cela peut offrir une version de lettre de vente pour les personnes qui ne veulent pas regarder une vidéo. Changez de format.

Si vous avez un webinaire, créez une lettre de vente à partir de cela. Transformez-le en podcast audio. Recréez ce contenu dans tous les différents formats, car vous ne savez jamais qui attend pour acheter dès que vous obtenez le bon angle pour votre message.

Secret 67

ÉVALUER VOTRE ENTONNOIR, PREMIÈRE PARTIE

Évaluer Votre Entonnoir, Première Partie

Avant d'activer votre entonnoir, rappelez-vous que s'il échoue au début, il vous en apprendra PLUS qu'un réussi. Et cette perte vous aidera à être rentable à long terme.

J'ai pratiqué le karaté durant le collège, mais je n'ai jamais été le gars qui gagnait tout le temps. Cependant, je suis devenu un champion parce que j'ai pris chaque défaite comme une chance d'apprendre quoi faire différemment la prochaine fois. Certaines personnes sont tout simplement des combattants incroyables. Ils arrivent et ils gagnent tout le temps. Je n'ai jamais été ce type. Je perdais contre le meilleur, puis revenais sur la vidéo (nous l'avons enregistrée) et j'essayais de comprendre pourquoi j'avais perdu. Peut être que j'ai perdu parce que j'étais trop sollicité ou que j'ai pris un mauvais coup. Je commençais à m'entraîner et à peaufiner ma stratégie jusqu'à ce que je finisse par les battre.

N'essayez pas d'évaluer votre entonnoir avec la théorie et l'opinion. Vous avez besoin de trafic. Il faut se lancer et voir ce qui se passe. Entrez dans le ring. Une fois que vous avez du trafic et des données, vous pouvez faire des ajustements.

Je vois cela tout le temps avec les membres de ma communauté. Les personnes avec qui je passe le plus de temps. Ils vont créer un entonnoir de vente, ils le lancent et ça ne marche pas. Ensuite, ils sont dévastés. « Je ne peux même pas gérer ça. J'ai passé tout ce temps dessus et ça n'a pas marché. Ils sont brisés. »

Environ 90 % du temps, vous publierez une campagne qui ne fonctionnera pas du premier coup. Vous serez battu. Vous devrez revenir, faire des ajustements et réessayer. Séparez chaque morceau comme je le faisais avec mes vidéos de karaté, afin que vous puissiez comprendre pourquoi vous avez perdu. Pourquoi cela n'a pas fonctionné comme vous l'espériez.

Ne sortez pas et réinventez la roue à chaque fois qu'un entonnoir ne fonctionne pas. Les gens me demandent toujours : "Pouvez vous critiquer cela avant le lancement ?"

Je ne vais pas le critiquer AVANT de le lancer. Lancez le d'abord. Nous n'avons aucune idée de ce qui va se passer jusqu'à ce que vous soyez mis en compétition, jusqu'à ce que vous voyiez comment vous réagissez au monde réel, voyez comment les gens réagissent envers vous.

Laissez les gens voter avec leur carte de crédit. C'est la seule chose qui compte. S'ils sont prêts à sortir leur carte de crédit et à vous donner ces chiffres, alors vous gagnez.

Secret 68

ÉVALUER VOTRE ENTONNOIR, DEUXIÈME PARTIE

Évaluer Votre Entonnoir, Deuxième Partie

Donc, votre entonnoir est opérationnel. Vous avez un fil de déclenchement irrésistible. Vous utilisez l'order bump. Vous avez des upsells et downsells. Vous vous assurez de toucher les gens avec tous les différents type de formats de vente (texte, vidéo, images, audio). Vous créez une séquence chorégraphiée qui les conduit à la vente avec enthousiasme et le goût de la nouvelle opportunité. Maintenant quoi ? Comment savoir si votre entonnoir fonctionne ?

Vous voulez regarder plusieurs IPC.

Quel est votre coût pour acquérir un client ?
Combien d'argent dépensez vous en publicités pour attirer un acheteur ?
Quelle est la valeur moyenne du panier ?
Combien coûte la moyenne des dépenses des clients dans votre entonnoir ?
Quel est le taux de conversion sur la landing page ?
Lorsque le trafic arrive sur la landing page, combien de personnes s'inscrivent ?
Quel est le taux de conversion sur l'upsell ?
Combien de gens prennent les upsells et les downsells ?

Permettez moi de vous donner un exemple concret d'un entonnoir secret que j'ai lancé avec un ami.

Lorsque nous l'avons lancé pour la première fois, nous avons commencé avec environ 100 € par jour. Ne soyez pas la personne qui le dirige pendant une journée, puis panique et arrête. Ne soyez pas non plus la personne qui le laisse allumé pendant des semaines et dépense 100 000 € sans optimiser.

Notre budget de test initial était d'environ 500 à 1 000 euros pour les données. Le coût moyen pour acquérir un client était d'environ 20 €. Certaines publicités étaient moins chères, d'autres plus chères.

Le prochain chiffre que nous voulions, était la valeur du panier. Combien les gens dépensaient ? Pour l'entonnoir de mon ami, c'était environ 17 €. Cela signifie qu'il perdait environ 3 € pour chaque client acquis. Ensuite, il y a l'impression et l'expédition du livre, donc nous étions vraiment négatifs à 13 € par vente.

Il est important que l'entonnoir atteigne le seuil de rentabilité. Même si vous avez l'intention de gagner de l'argent avec ce client encore et encore, continuez à optimiser jusqu'à ce qu'il atteigne le seuil de rentabilité. La plupart des gens dans cette phase concluraient que l'entonnoir est nul et ils abandonneraient. Non. Vous devez examiner toutes les pièces et les réparer jusqu'à ce que cela fonctionne. Ce n'est pas SI, c'est QUAND !

Nous avons d'abord essayé de réduire le coût de la publicité, car 20 € pour acquérir un client était beaucoup. Nous nous sommes donc tournés vers Facebook Live et avons utilisé ces vidéos comme les publicités. Le premier a fait a baissé le coût de la publicité à 6 €. Donc, chaque jour, mon ami a fait un Live sur Facebook. Nous avons dépensé 10 € pour chaque vidéo, et selon celles qui fonctionnaient, nous avons ajouté plus d'argent.

(Dommage que mon livre 37 manières d'avoir davantage de clients n'existait pas à cette époque… nous aurions eu des centaines des clients à 0€ chaque jours…)

Ensuite, nous avons examiné les taux de conversion sur la landing page. Ils étaient bons, alors nous l'avons délaissé. Cependant, l'order bump ne se convertissait qu'à 11% et le taux de l'upsell était encore pire. Ce n'était pas assez bon pour nous. Nous avons donc simplifié le copywritting et le message. Changé le prix. Finalement, l'entonnoir a atteint le seuil de rentabilité.

Si vous êtes à peu près certain d'avoir une offre intéressante sur un marché en vogue, n'abandonnez pas votre entonnoir jusqu'à atteindre ce point !

Secret 69

ENTONNOIR DU VENDREDI

Entonnoir Du Vendredis

Essayez d'ajouter un entonnoir de “Télé-Achat” ou de marketing de réseau dans votre entreprise et voyez ce qui se passe.

D'un point de vue technique, vous pouvez le faire en direct sur Facebook, Instagram, Google Hangouts, Zoom, peu importe. L'idée est de vendre en faisant.

Chaque vendredi, je parlais de marketing en citant des parties de mes livres. L'idée était de faire quelque chose de cool pour que les gens veuillent venir traîner avec moi. Ce ne serait pas difficile à vendre comme un webinaire. Au lieu de cela, ils me regardaient parler de marketing, de business tout en lisant des parties de mes livres, en temps réel.

Que se passe t il lorsque vous montrez le produit et en faites la démonstration en direct ? Les gens commencent à souhaiter l'avoir aussi. Ils commencent à imaginer s'ils pouvaient faire ce que vous faites. Ensuite, ils veulent l'acheter.

C'est exactement ainsi que fonctionne un séminaire dans le marketing de réseau. Les gens traînent ensemble et regardent les produits s'utiliser.

Qu'il s'agisse de suppléments, de couteaux ou de maquillage, la vente qui se produit à la fin est un flux naturel de tests et d'essais des produits.

Contrairement aux soirées réelles qui se déroulent à un moment précis et ne peuvent pas être «rejouées», nos webinaires continuent de se vendre pour nous au cours de la semaine jusqu'à ce que nous fassions la prochaine version en direct. Nous avons la rediffusion sur une page et ajoutons des boutons et des images sous la vidéo qui disent : "Si vous souhaitez acheter les livres présents sur la vidéo, allez ici." Vous pouvez le faire pour chaque produit présenté lors de l'événement. Presque tous les entonnoirs en ligne sont construits sur les principes du marketing réel.

Regardez les méthodes de la vieille école (publipostage, achats dans un magasin ou dans un salon, ventes par callcenters) et imitez ce qui fonctionne dans la vraie vie dans votre entonnoir.

Ventes

Introduction

Si vous croyez au produit ou au service que vous vendez, vous avez l'obligation morale de faire tout ce qui est en votre pouvoir pour le mettre entre les mains de vos clients.

Beaucoup d'entre vous savent que j'aime la philosophie de Nietzsche et que j'ai fait une mission. Chaque jour, faire une nouvelle vidéo à ce sujet. Beaucoup de gens m'ont demandé : « Pourquoi as tu fait ça ? Pourquoi imposez-vous votre philosophie aux gens ? »

Ma première réponse est toujours : "Tu plaisantes ?!" Je n'imposais ma philosophie à personne. Je voulais simplement partager quelque chose en quoi je crois vraiment, quelque chose qui, je pense, changera le chemin éternel d'une âme humaine. Quel est l'intérêt de croire en quelque chose si vous ne pensez pas que cela compte suffisamment pour que vous deviez le partager, même si cela signifie rejet et sacrifice ?

J'ai la même conviction à propos des choses que j'apporte au marché. Mes livres de marketing, je sais qu'ils ont le pouvoir de changer la vie des entrepreneurs et celle de leurs clients. J'ai l'obligation morale de faire tout ce que je peux, parce que j'y crois.

J'ai une connaissance qui essaie d'empêcher des personnes de se suicider. C'est un énorme problème. Son entreprise consiste à faire prendre conscience du suicide des gens et des moyens de l'arrêter. Elle m'a envoyé son livre avec une petite note qui disait : « Merci d'avoir créé le processus qui m'aide à sauver d'innombrables vies. »

C'est pourquoi je vends. C'est pourquoi je n'ai pas peur d'utiliser des tactiques de vente et de marketing agressives pour mettre mes livres entre les mains de tous les entrepreneurs que je peux trouver. Parce que je sais que c'est le meilleur produit pour aider les entrepreneurs à diffuser leur message. C'est comme ça que le monde change.

Dans cette section, vous apprendrez à vendre. Comment entrer dans l'esprit de votre prospect afin de conclure la vente.

Secret 70

VOTRE ENTREPRISE À L'ÉPREUVE DES RESTAURANTS

Votre Entreprise à l'Épreuve Des Restaurants

Voici une méthode très simple pour découvrir si votre offre va se vendre. Certaines personnes vous diront : « Allez vendre à vos clients existants et à votre liste email », ce qui est une excellente façon de commencer. Mais finalement, vous devrez sortir de votre réseau. Vous devrez trouver des personnes qui n'ont AUCUNE idée de qui vous êtes ou pourquoi vous existez. Et ils n'auront AUCUN attachement personnel envers vous.

La meilleure façon de savoir si votre offre va se vendre sur un marché froid est de faire cet exercice.

Descendez à l'aire de restauration de votre centre commercial local. Tenez vous sur une table propre et sifflez très fort. Essayez d'attirer l'attention de tout le monde. Et quand vous avez environ 100 personnes qui vous regardent, dites : « Salut tout le monde, qui s'intéresse à... ? » puis annoncez votre offre.

Quelqu'un, lève-t-il la main ? Où même hausse les sourcils ? Où est-ce que tout le monde vous regarde comme si vous aviez une vie désepérée ?

Si vous me dites en ce moment : « Natan, personne n'aurait d'intérêt, mais c'est parce que mon produit/service est plus compliqué. Je dois d'abord les éduquer à ce sujet. »

Eh bien, j'ai de bonnes nouvelles. Vendre des livres de marketing n'est pas aussi simple que de demander à quelqu'un s'il veut une nouvelle paire de chaussures.

C'est un exercice difficile à faire, car votre offre est peut être géniale et nécessite une éducation, mais vous devez trouver le BON message de vente.

Si nous utilisons ce livre comme exemple, voici une première tentative (boiteuse)

"Hé, aimeriez-vous apprendre à créer un entonnoir de vente ?"

Personne ne sait ce que c'est !

Alors ensuite, j'essaie l'angle de gagner de l'argent.

"Qui ici veut voir mon entonnoir de vente qui rapporte 17 947 € par jour ?"

N'a toujours pas ce punch parce qu'ils ne savent pas ce qu'est un entonnoir de vente. Alors j'essaie ça...

"Hé, qui ici veut un site Web gratuit pour gagner de l'argent ?"

Maintenant, cela leurs parlent. La plupart des gens dans un restaurant comprendront l'argent et les sites Web. Vous pouvez avoir d'autres offres qui parlent au public qui vous connaît et vous aime, mais vous serez en mesure d'assurer un flux constant de nouveaux clients si vous pouvez faire passer votre message correctement.

Réécrivez votre message encore et encore jusqu'à ce qu'il soit à l'épreuve des restaurants.

Secret 71

L'HISTOIRE DE DEUX VENDEURS

L'Histoire De Deux Vendeurs

Lorsque que j'étais en train de refaire mon setup, je voulais acheter un PC très performant. J'étais tellement excité par cet achat et je l'ai voulu immédiatement. Pas demain. Pas la semaine prochaine. AUJOURD'HUI. Je suis allé dans un magasin local et expliqué à la première vendeuse que je voulais acheter un PC avec un i9 comme processeur ce jour-là. La femme m'a amené dans une salle et m'a dit qu'un consultant serait avec moi sous peu.

Il a fallu environ 15 minutes pour que quelqu'un vienne, et à ce moment-là, j'avais regardé les 10 modèles pendant au moins 3 minutes chacun. L'argent brûlait dans ma poche. Elle se présente et dit : « Hé, désolé. Je suis la seule consultante ici aujourd'hui. Je suis sur le point de partir pour un rendez-vous de l'autre côté de la ville, donc je n'ai pas de temps pour vous en ce moment. Mais si vous écrivez votre nom et votre numéro, je peux vous recontacter. »

Je ne pouvais pas le croire. J'étais prêt à acheter, et elle me poussait hors de son magasin. J'ai donc réessayé.

« Je suis ici parce que je veux acheter un pc aujourd'hui. Je veux quitter votre magasin aujourd'hui avec un pc. »

«Quel type veux tu ? »

« Avec un i9. »

« Ça va être un minimum de 5 000 €. Cela va probablement être en dehors de votre budget. »

Ici, j'essayais d'écrire un chèque de 5 000 € à cette femme et elle m'a laissé tomber et a porté des jugements sur mon budget.

Ensuite, je suis allé sur Fnac.com pour passer une commande. La petite boîte de discussion est immédiatement apparue me demandant si j'avais besoin d'aide. Le gars sur le chat a fini par m'appeler. Nous avons regardé tout ce qui pouvait exister. Le jour de l'achat, voici comment notre conversation, c'est passé.

« Je vais commander. Je voulais juste m'assurer que tout allait bien. »

« Aucun problème ! »

« Combien de temps jusqu'à ce qu'il soit livré ? »

« Six semaines. »

« Je ne veux pas attendre six semaines. Y a t il un moyen de l'obtenir dans deux semaines ? »

Il dit : « Laissez moi chercher. »

Environ 30 minutes plus tard, il me rappelle pour me dire qu'il ne peut pas l'avoir dans 2 semaines, mais il enverra par la poste un pc de prêt que nous pourrons utiliser jusque là.

Quand je lui ai dit que je ne serais pas du genre à renvoyer quelque chose, il m'a proposé de m'envoyer ce qu'il avait en stock aujourd'hui, puis il m'enverrait des personnes lorsque le vrai pc arriverait pour que je n'aie pas à renvoyer quoi que ce soit.

Il a fait tout son possible pour s'assurer que j'ai eu une grande expérience. Et juste au moment où je suis allé acheter, il a dit : « Oh, au fait, utilisez ce code promo pour économiser 500 €. » J'ai mis le code promo, et bien sûr, il a enlevé 500 €.

Alors qu'est ce que j'ai fait ? J'ai acheté un autre pc.

Quel vendeur êtes vous ?

Secret 72

L'HISTOIRE DE DEUX MARKETEURS

L'Histoire De Deux Marketeurs

Deux intéressés du marketing ont pris mon livre « 37 manières d'avoir davantage de clients » en même temps. Lequel êtes-vous ?

Mike avait abandonné ses études et ne disposait que de très peu d'économies sur son compte en banque. Après avoir assisté à un événement transformationnel de David Laroche, il a rencontré un ami (nous l'appellerons Joe) qui était sur le point de commander mon livre de marketing. Ils ont sympathisé et sont devenus amis, et Joe a convaincu Mike de prendre le livre en même temps que lui. Joe s'y connaissait en marketing, Mike n'y connaissait rien. Joe a dû être un vendeur convaincant, car Mike a accepté de le commander.

Peu de temps après, Mike a appelé Joe pour savoir s'il avait reçu le livre. Il a été choqué d'entendre Joe dire : «Oui, j'ai décidé que je ne pouvais pas me le permettre. Je n'ai donc pas commandé.»

Mike était coincé. Il venait de nous donner TOUT ce qu'il avait pour ce livre et son ami qui s'y connaissait en marketing s'était désisté. Alors, voici ce que Mike a fait. Il a lu le livre. Il a pris un appel avec moi. Il ne connaissait RIEN au marketing. Il nous a montré un produit qu'il avait vendu par l'intermédiaire d'une société de vente directe et nous avons commencé à élaborer un entonnoir pour lui. Comme il ne connaissait rien, il lui a fallu quatre mois pour lancer son premier entonnoir. Il a fini par gagner environ 30 000 euros en un mois.

Pendant ce temps, Joe s'est réinscrit à l'école parce qu'il était frustré que son entreprise n'aille nulle part. Il n'avait pas progressé parce qu'il n'avait rien fait.

J'ai eu affaire à un autre « Joe » en appel une fois.

Chaque fois qu'une personne prend mon livre, il peut en discuter avec moi sur Instagram. Je lui propose un modèle d'entreprise, un style d'entonnoir, et je lui offre tout sur un plateau d'argent. Au bout de deux mois, ce «Joe» est venu me voir pour me dire qu'il n'avait encore rien fait.

«Je ne me souviens plus de ce que vous vouliez que je fasse. Pouvons-nous passer un autre appel pour que vous puissiez me réexpliquer ce que vous m'avez dit il y a deux mois ?»

Il n'avait pas pris de notes. Il n'avait pas envoyé de message. Il s'attendait à ce que les gens compensent son manque d'engagement, de concentration et de ténacité. Lorsque je lui ai dit non, il a exigé d'être remboursé.

Les personnes qui réussissent ne cherchent pas d'excuses. Ils se lancent, même lorsque les enjeux sont élevés. Même s'ils ne savent rien au départ.

Quel marketeur êtes-vous ?

Secret 73

UN SECRET DE MARKETING QUE J'AI APPRIS D'UN ARTISTE DE RUE

Un Secret De Marketing Que J'ai Appris d'Un Artiste De Rue

Nous oublions parfois l'art de la vente lorsque nous sommes derrière un écran d'ordinateur. Nous perdons le contact avec les personnes qui entrent dans notre entonnoir et achètent nos produits.

Lors d'une balade à vélo, j'ai écouté l'histoire d'un jongleur de rue gagner des centaines d'euros en une minute de spectacle avec des gens qui passaient par là et qui n'avaient pas du tout l'intention de donner de l'argent à un jongleur de rue. Voici l'histoire et comment il a procédé.

Tout a commencé par une toux. Le type avait une belle chemise et un micro, et il s'est mis à tousser. De plus en plus fort, de plus en plus fort, jusqu'à ce qu'un groupe de personnes commence à se rassembler autour de lui. « Qu'est-ce qui se passe ? » me suis-je dit. Cette toux a duré environ cinq minutes, presque jusqu'à l'étrangeté, mais elle a attiré l'attention de beaucoup de gens et j'ai commencé à être très curieux.

«Tout le monde, je vais bien ! J'essayais juste d'attirer votre attention parce qu'un spectacle sans attention n'est qu'un accident.»

C'est la première étape de la vente. Attirer l'attention. En particulier avec le marketing direct, vous devez les arrêter pendant qu'ils défilent sur Facebook ou Instagram ou n'importe où la publicité est, et les amener à se pencher et à prêter attention.

Ensuite, il nous a dits : «Je vais commencer le spectacle.» Et il a dessiné un énorme carré de craie autour de lui. «Ok, tout le monde, venez sur le carré, c'est le bord. Entrez.» Et il a fait en sorte que tout le monde s'approche. De se pencher davantage. À faire la prochaine étape.

Le spectacle a commencé et a duré environ 45 minutes. La partie jonglage de feu n'a duré qu'une minute. Il a passé le plus clair de son temps à raconter des blagues. Il se moque des gens, il se moque de lui-même, il crée des liens. Il les excitait pour le point culminant de la jonglerie de feu.

Dans la vente en ligne, vous devez profiter du peu d'attention qu'ils ont pour vous et la transformer en relation. Attirez-les. Utilisez une landing page. Amenez-les à passer à l'étape suivante une fois que vous les avez eus.

Il aurait pu monter sur son monocycle et commencer à jongler avec le feu, et tout aurait été terminé en une minute. Mais s'il avait fait cela, il n'aurait pas gagné d'argent. Au lieu de cela, il a pris le temps de former son public.

Il nous a fait respirer tous ensemble (en faisant semblant de cracher du feu). Respirer de manière synchronisée est l'un des moyens les plus rapides d'établir une relation. Puis il a commencé son jonglage d'échauffement et a demandé aux membres du public de lui lancer ses bâtons. Il nous a appris à l'acclamer et à l'applaudir. Plus important encore, il nous a nous a expliqué pourquoi nous devions payer pour ce divertissement.

C'est la partie de votre processus de vente où vous montrez à votre prospect pourquoi il doit acheter et comment. Ne laissez rien au hasard, dites-lui exactement ce qu'il doit faire.

Écoutez, je suis un artiste de rue et c'est comme ça que je gagne ma vie. Si vous alliez au bar maintenant et achetiez une bière, elle coûterait cinq euros, et il vous faudrait peut-être une minute pour la boire, ou une minute et demie si vous prenez votre temps. Je me suis produit pendant près de 45 minutes jusqu'à présent, et je suppose que cela vaut au moins la même chose qu'une bière rapide en termes de valeur de divertissement réelle. Donc le don minimum accepté est de cinq euros. Le maximum est de cent euros.

Il jongle enfin avec le feu. Le spectacle dure environ une minute et la foule applaudit. Les gens commencent à jeter de l'argent dans le chapeau, mais certains s'éloignent. Il les appelle alors. "Qu'est-ce que vous allez devenir, des profiteurs ?" On sent dans la foule que tous ceux qui sont encore là ne veulent pas non plus être interpellés. Ce n'était certainement pas mon cas. Je me suis senti obligé de payer parce qu'il avait établi une relation et expliqué la justification du prix. Au départ, je lui aurais probablement donné un euro ou deux. Mais comme je me sentais obligé, je me suis dit : "D'accord, je dois en donner cinq".

En résumé, voici les leçons de marketing :

- Attirer l'attention.
- Établir une relation.
- Formez votre public à ce que vous attendez de lui.
- Justifiez le prix (ou le contexte).
- Faites le spectacle.
- Lancez un appel à l'action.
- Assurez un suivi auprès de ceux qui n'écoutent pas.

La prochaine fois que vous créerez votre processus de vente, rappelez-vous les 44 minutes que cet artiste a passées pour un spectacle d'une minute.

Secret 74

COMMENT TRANSFORMER TOUS VOS CONCURRENTS EN PARTENAIRES

Comment Transformer Tous Vos Concurrents En Partenaires

Dans une partie de mon livre 37 manières d'avoir davantage de clients, l'idée est que nous pouvons regarder ce que fait notre concurrent, l'imiter avec nos propres entonnoirs et prendre 70% de son trafic en 7 étapes.

Dans le respect de l'éthique, bien sûr. Nous ne parlons pas de plagiat, mais simplement de piratage.

Le problème, c'est que les gens sont paresseux. Et ils pensent que le piratage d'entonnoirs est censé remplacer la créativité. Lorsque vous décidez d'entrer sur un marché, vous devez bien sûr analyser vos concurrents. Qu'est-ce que vous recherchez ? La présentation, le prix, la façon dont ils présentent leurs offres, etc.

Ce que vous n'essayez PAS de faire, c'est de voler tout ce qu'ils ont fait et de le faire de la même manière. Parce que, réfléchissez-y ? Vous venez de faire un pas en avant et d'affronter quelqu'un qui est déjà sur le terrain, qui attire du trafic et qui gagne de l'argent. Vous avez le même produit, la même offre, la même chose que votre concurrent. Et il a un avantage certain sur vous.

C'est pourquoi vous avez besoin d'un angle d'attaque.

Dans le catch, de l'extérieur, il est difficile de savoir ce qui se passe. Deux gars qui ont l'air de se frapper la tête l'un contre l'autre.

Mais tout l'objectif, quand on est sur le tapis, c'est d'avoir un angle. Nous essayons de faire faire un pas à quelqu'un afin d'avoir un angle pour l'attaquer. Si je veux faire tomber quelqu'un, je dois bouger, bouger et bouger jusqu'à ce que je puisse lui faire faire un pas. Et dès que j'ai un angle, au lieu d'aller tête contre tête (littéralement), je vais passer par son oreille ou son épaule. Cet angle m'ouvre tout un monde.

Maintenant, je peux vraiment les mettre à terre. Mais pour mettre quelqu'un au tapis, il faut que je prenne un angle comme celui-là. C'est comme ça que ça marche.

En business, votre angle d'attaque est la partie du marché qui n'est pas desservie. Si vous travaillez dans le domaine de la perte de poids, il y a la fille qui fait des abdos, le gars qui fait du keto, le gars qui fait du paleo.

Trouvez votre angle d'attaque et la façon dont vous pouvez occuper une partie de l'écosystème qui n'est pas encore utilisée.

Lorsque vous faites cela, tous vos concurrents deviennent des partenaires parce que vous n'êtes pas en concurrence directe. Vous pouvez desservir vos marchés respectifs, coexister et gagner beaucoup plus d'argent que si vous aviez tenté de vous affronter. Face à face.

Trouvez votre place dans l'écosystème, puis utilisez ce que vous avez appris de ce livre pour créer une offre de valeur qui vous place en partenariat avec les autres personnes dans le même espace.

Secret 75

SOYEZ RAPIDE & PREMIUM

Soyez Rapide & Premium

Faites en sorte que quelqu'un s'engage lorsqu'il est au plus haut niveau d'excitation et de motivation.

Si votre entreprise travaille avec des devis et des propositions, vous devez être attentif. C'est très important. Vous êtes en train de tuer votre entreprise avec le modèle traditionnel.

Si j'ai besoin de faire quelque chose à la maison, j'appelle un entrepreneur. Il vient, examine le projet et me dit qu'il doit y retourner pour établir un devis. Mon enthousiasme retombe un peu à ce moment-là, mais je comprends. J'attends alors deux, trois, quatre semaines parfois avant d'obtenir un devis. Et lorsqu'il arrive dans ma boîte de réception, je suis loin d'être aussi enthousiaste que lorsque je lui ai parlé la première fois.

De plus, j'ai généralement plusieurs autres devis et il n'y a plus d'émotion ni d'excitation, seulement des comparaisons. Dans ce contexte, si vous n'êtes pas le moins cher, vous perdez. Le système traditionnel de devis ne fonctionne plus.

Au lieu de cela, vous voulez être le plus rapide. Même s'il est difficile d'établir un devis sur-le-champ, vous pouvez créer des systèmes qui facilitent l'estimation rapide des coûts. S'il s'agit d'un projet de grande envergure, vous pouvez dire quelque chose comme : "Écoutez, ce projet va être assez important. Il va coûter environ 25 000 euros - c'est le chiffre approximatif. Je vais aller chercher ces informations pour vous maintenant, mais je veux m'y tenir dès aujourd'hui. Je sais que vous êtes impatient de commencer, tout comme nous. Quel jour pouvons-nous commencer ?" Demandez-leur ensuite de verser un acompte sur-le-champ.

Vous devez vous positionner comme le meilleur. La seule alternative. L'option haut de gamme qui s'impose d'elle-même parce qu'elle est tellement, tellement bonne. Positionnez-vous comme le magasin le plus cher de la ville, celui qui le fait le mieux.

Visez le marché du haut de gamme, car, encore une fois, vous pouvez viser soit le moins cher, soit le haut de gamme, mais vous ne voulez pas être au milieu.

Si vous leur donnez dans les mains un devis et attendez qu'ils vous répondent, vous avez tout perdu. Vous avez perdu tout votre avantage stratégique, votre capacité à fixer les prix de la manière la plus judicieuse possible. Obtenez un engagement immédiat.

Faites en sorte que vous soyez le leader haut de gamme. Vous êtes tellement occupé que vous ne pouvez pas et ne voulez pas accepter tout le monde. Ils doivent poser leur candidature, passer par toute sorte d'étapes et justifier pourquoi vous devriez travailler avec eux. Lorsque vous procédez de cette manière, tout change. Vous êtes désormais aux commandes et vous pouvez gérer votre entreprise comme vous l'entendez, et non plus comme le préfèrent vos clients.

Il est évident que nous aimons nos clients. Nous voulons les servir au mieux, mais nous devons aussi le faire à nos conditions, et non aux leurs, ce qui est essentiel. Dès que vous le faites à leurs conditions, vos clients vous dévoreront tout cru si vous le leur permettez.

Secret 76

VENTE ÉMOTIONNELLE

Vente Émotionnelle

L'objectif de tout processus de vente est d'amener votre prospect à croire que cela fonctionnera pour lui. C'est tout. Beaucoup de gens pensent que l'enseignement, les tactiques et les stratégies font partie du processus de vente, mais ce n'est pas le cas.

C'est une question de conviction.

Pour obtenir une vente, vous devez vous assurer que vous vendez quelque chose qui apportera réellement le changement que vous promettez. Il ne vous suffit pas de tenir la main d'une personne, mais vous devez créer la meilleure opportunité possible de changement. Sinon, à quoi bon ?

Il y a peu de choses qui produisent un changement chez l'homme :

- **Action**
- **Croyance**
- **Douleur**

Pensez-y. Si vous croyez profondément en quelque chose, votre vie reflétera cette croyance.

Si vous ressentez de la douleur lorsque vous mettez votre main sur la cuisinière, vous cesserez de le faire.

Si vous entreprenez une action positive (comme faire quelque chose de gentil pour votre conjoint après qu'il ait été très méchant avec vous), cette action contribuera à changer votre sentiment à l'égard de la situation.

L'action. Croyance. Douleur.

Le processus de vente doit inclure des histoires qui contribuent à créer une réaction émotionnelle chez votre prospect afin qu'il croie vraiment que le changement est possible... pour lui et pas seulement pour vous.

Enfin, la connexion. Créer un lien par l'authenticité, la vulnérabilité et le storytelling pour vous lier à votre prospect afin qu'il ait envie de travailler avec VOUS pour réaliser ses rêves.

Si vous pensez que donner votre meilleure tactique créera des acheteurs... cela leur donnera des connaissances, oui, mais cela ne créera pas vraiment de croyance, de douleur ou d'inspiration pour agir. Pourquoi ? Parce que lorsque nous nous remplissons la tête de connaissances, c'est comme si nous mangions un grand repas. Nous nous sentons rassasiés.

Ce sentiment de satiété conduit généralement à une sieste, et non à l'action.

Votre plus grand devoir en tant que vendeur est de faire croire à votre public quelque chose de différent avant qu'il n'arrive à la fin de votre discours. De ressentir la douleur de leur situation MAINTENANT et non pas ce qu'elle pourrait être. Et de les inciter à agir.

Intégrez la croyance, la douleur et l'action dans vos webinaires et vos appels de vente afin de mettre toutes les chances de votre côté pour conclure une vente.

Secret 77

LA MÉTHODE DE VENTE PAR LA PORTE ARRIÈRE

La Méthode De Vente Par La Porte Arrière

Il y a parfois des choses difficiles à vendre. Utilisez la méthode de la porte arrière et tout devient plus facile.

Je connais quelqu'un qui vend un programme mastermind. Beaucoup de gens ont des mastermind, et c'est difficile à vendre parce qu'on a l'impression qu'il faut se vanter et expliquer pourquoi on est meilleur que les autres. L'utilisation de la méthode de vente par la porte arrière élimine tout sentiment bizarre de vente et de vantardise que vous pourriez avoir à propos de l'autopromotion.

Trouvez dans votre programme ou votre offre quelque chose que les gens veulent vraiment. Dans leurs mastermind, il y a un programme de Boîte Noire. Ils ont écrit une lettre de vente de quatre pages pour parler de la Boîte Noire, de son caractère incroyable et de la façon dont il a littéralement changé leur entreprise et celle des autres.

Ils avaient une chose vraiment puissante que les gens voulaient. Au lieu de vendre le mastermind, ils vendaient le seul produit que les gens veulent vraiment. Puis, au moment de conclure avec le prospect, ils leur disaient : "C'est GRATUIT si vous rejoignez notre mastermind !".

Un autre exemple est celui d'un ami chiropracteur. Il a essayé de vendre des séances aux gens et c'est une lutte constante. À la place, il a créé une présentation qui enseigne aux gens une routine matinale de 30 minutes. On y trouve des exercices, du yoga, des étirements, etc. À la fin de la présentation, il leur offre un rouleau en mousse, une bouteille d'huile spéciale et un CD de méditation... mais seulement s'ils viennent à sa clinique pour une séance.

Il vient de leur expliquer pendant 30 minutes pourquoi ils ont besoin de ces trois choses. Ils peuvent soit aller les acheter eux-mêmes, soit les obtenir gratuitement s'ils adhèrent à son programme. Le positionnement est si puissant que la vente n'est pas du tout ressentie comme telle !

Secret 78

LE POUVOIR D'UN T SHIRT

Le Pouvoir d'Un T-shirt

Comment rester mémorable ? Comment construire une culture qui crée des clients "collants" ?

Offrez-leur un t-shirt.

Des membres de ma famille se sont rendus une fois à une exposition. Leur stand était petit et situé tout au fond, et ils savaient qu'ils n'allaient pas récupérer leurs frais de participation s'ils ne faisaient pas quelque chose de vraiment audacieux pour attirer l'attention des gens.

La première chose qu'ils ont faite pour créer le buzz a été de commander tout un tas de t-shirts sur lesquels on pouvait lire "#Manger Sain" sur le devant. Au dos, ils portaient la mention " Créer par Beauvais Multi Service " et le logo. Ils avaient promis un t-shirt gratuit à tous ceux qui venaient à leur session.

Je pense qu'ils ont distribué entre 600 et 700 t-shirts. Le lendemain matin, il y avait environ 400 panneaux publicitaires ambulants à l'événement !

Même lorsque vous ne participez pas à un événement, les t-shirts peuvent aider les clients à rester fidèles à votre produit plus longtemps. Dans le cadre d'un abonnement, envoyer à nos nouveaux utilisateurs des t-shirts peut être une bonne idée. Des personnes pourraient nous écrire pour nous dire que même s'il leur a fallu un mois ou deux pour profiter de l'abonnement pour leur entreprise, ils sont restés fidèles au produit parce que le t-shirt était tellement cool et confortable.

Les t-shirts nous coûtent de l'argent chaque mois, mais la communication qu'ils créent est tout simplement incroyable. Les t-shirts ne sont pas très chers à fabriquer et constituent l'un des moyens les plus rapides de réduire le taux de désabonnement et les remboursements. De plus, les gens qui les portent sont plus enclins à la conversation et à la vente.

Secret 79

EMMENEZ VOTRE SPECTACLE SUR LA ROUTE

Emmenez Votre Spectacle Sur La Route

Considérez le business comme une pièce de théâtre. Vous créez le spectacle, vous engagez les acteurs, le producteur et le metteur en scène, vous construisez le décor et vous vous produisez trois ou quatre fois dans votre ville natale (disons Paris). Vous avez consacré tout ce temps et toute cette énergie à la réalisation d'un spectacle impressionnant. Que se passe-t-il ensuite ? Vous partez en tournée.

Après Paris, vous allez à Lyon, Marseille, Toulouse, Bordeaux et Rennes. En changeant de lieu, vous gagnez plus d'argent parce que vous continuez à toucher de nouveaux publics. En ligne, nous appelons cela "changer de canal".

Le problème, c'est que beaucoup de chefs d'entreprise se lassent de vendre toujours la même chose. Nous voulons créer quelque chose de nouveau et le vendre à la place. C'est notre désir entrepreneurial de créativité et de variété. Et nous perdons tout ce chiffre d'affaires supplémentaire parce qu'au lieu de dépenser de l'énergie à vendre davantage, nous nous intéressons à de nouvelles inventions.

Comment changer de canal et faire voyager votre spectacle ? Si vous êtes très présent sur Facebook et que vous faites un carton, ne lancez pas un nouveau produit. Passez à Instagram, Twitter, Pinterest ou YouTube, ou essayez le publipostage ou les podcasts.

Allez sur chaque nouveau canal, proposez-y votre offre et continuez à gagner de l'argent.

Secret 80

LES TAS D'ARGENT QUE VOUS NE TOUCHEZ PAS

Les Tas d'Argent Que Vous Ne Touchez Pas

Y a-t-il des tas d'argent dans votre entreprise que vous ne touchez pas ?

Après quelques rencontres avec mon nettoyeur de moquette, je me suis rendu compte que de nombreux indépendants et prestataires de services laissent des tas d'argent PARTOUT.

Prenons la conversation suivante.

Nous : Il y a une tache de café. Nous voulons payer quelqu'un pour qu'il vienne le nettoyer.

Le tapissier : Oui, je pourrais le faire. Mais tout ce que vous avez à faire, c'est d'acheter du vinaigre blanc et du liquide vaisselle et tout ira bien.

Nous : Nous ne voulons pas faire cela. Pouvons-nous vous engager pour le faire ?

Le tapissier : Non, c'est très facile. Il suffit d'aller chercher du vinaigre blanc et du liquide vaisselle et de l'appliquer sur la chose...

Nous lui avons demandé trois fois si nous pouvions lui donner de l'argent et il a refusé. Il y avait des piles d'argent à sa disposition et il ne savait pas comment les prendre. Il aurait pu nettoyer la moquette. Il aurait pu trouver quelqu'un d'autre pour le faire et augmenter les honoraires du sous-traitant.

Au lieu de cela, il a passé tout ce temps à nous convaincre de ne PAS l'engager.

Une semaine plus tard, il est venu pour un nettoyage régulier de la moquette. En rentrant chez moi, j'ai trouvé un gros mot sur ma porte qui disait : "J'ai nettoyé votre moquette et j'ai remarqué que votre aspirateur était probablement vieux. Vous devez donc aller chercher un nouvel aspirateur et l'installer. De cette façon, la moquette restera plus propre".

La stratégie de vente de ce vendeur pose deux problèmes majeurs.

Premièrement, une moquette sale signifie plus de nettoyage et plus d'argent, car j'ai besoin qu'il revienne.

Deuxièmement, un tapissier devrait acheter un aspirateur, puis me le facturer !

La raison pour laquelle les gens hésitent tant à ramasser leur argent et à vendre davantage à leurs clients est qu'ils ont une idée fausse de l'upsell. Ils pensent que c'est de l'avidité ou de la vente que de proposer toujours plus de services pour plus d'argent.

Mais ce n'est pas le cas. En effet, chaque vente incitative apporte une valeur ajoutée. Si je vais chez le dentiste pour un nettoyage de dents et qu'il me propose de me redresser les dents avec un appareil de rétention, je suis tellement content d'avoir des dents plus droites que je suis heureux de lui donner plus d'argent. Et s'il me propose également un traitement pour atténuer les taches sur mes deux dents de devant, je lui donnerai encore plus d'argent. Lorsque les upsell s'accompagnent d'une valeur ajoutée, ce n'est pas de l'avidité. Il s'agit de résoudre plus de problèmes et d'offrir plus de solutions.

Regardez autour de vous dans votre entreprise et remarquez où il y a des piles d'argent que vous ne saisissez pas à cause des limites de votre propre état d'esprit.

Secret 81

LES TROIS CHEMINS POUR FAIRE PLUS D'ARGENT DANS VOTRE BUSINESS

Les Trois Chemins Pour Faire Plus d'Argent Dans Votre Business

La croissance d'un business est simple, car il n'y a que trois façons de procéder : Obtenir plus de clients, les faire dépenser plus ou les faire acheter plus souvent. C'est tout !

Lorsque vous vous efforcez d'atteindre votre premier million d'euros de chiffre d'affaires, l'objectif est d'obtenir des clients. Et d'en avoir le plus possible. Cela a un effet boule de neige car, à un certain moment, les recommandations et le bouche-à-oreille commenceront à faire leur œuvre. Une fois que vous avez atteint le million d'euros, il est temps de passer à la phase suivante.

J'appelle la phase deux, l'ascension. Pour que vos clients dépensent plus, vous devez les inciter à acheter des produits plus chers. Cela peut signifier que vous devez fabriquer des produits plus chers. Cela peut signifier que vous devez créer plus de confiance, de culture et d'expertise pour que vous soyez la personne à laquelle ils pensent en premier lorsqu'ils ont un problème qu'ils ne peuvent pas résoudre.

Une fois que vous avez des clients qui montent vers des produits plus chers, vous passez à la phase trois. Il s'agit maintenant de consommer (secret n° 51). Trouvez le moyen de faire en sorte qu'ils utilisent tellement votre produit qu'ils aient besoin d'en acheter davantage et plus souvent.

Dans un logiciel d'abonnement, la consommation signifie d'essayer de faire en sorte qu'ils l'utilisent davantage pour qu'ils restent plus longtemps dans le plan d'abonnement. La consommation d'un produit physique est un peu différente. Si vous vendez une lotion pour les mains, cela peut signifier que vous leur envoyez des documents imprimés leur montrant comment l'appliquer plusieurs fois par jour afin qu'ils l'épuisent plus rapidement.

Il est facile de se laisser submerger par les affaires lorsqu'on essaie de comprendre ce qui ne fonctionne pas et comment gagner plus d'argent, mais ce n'est vraiment pas difficile. Il s'agit soit d'obtenir plus de clients, soit de les aider à dépenser plus, soit de trouver un moyen de les convaincre d'acheter plus souvent.

Secret 82

LE CADRE

Le Cadre

Un cadre est une porte par laquelle votre prospect entre pour prendre connaissance de votre offre. La porte qu'il emprunte est un facteur déterminant pour le type de réponse qu'il donnera lorsque vous tenterez de le convaincre.

Si je veux que vous aimiez mon ami avant de le rencontrer, je vous le présenterai de la manière suivante : "Hé, voici Joe. C'est un gars vraiment cool. Je pense que tu vas l'aimer." Ce cadre vous prépare à l'apprécier. Imaginez que je dise : "Voici Joe. C'est un type vraiment horrible. Il a volé un tas d'argent." Votre cadre est totalement différent.

Il existe en fait une étude de cas d'un enseignant qui a été testé dans une classe d'université. Il y avait un professeur remplaçant pour la journée. Avant qu'il n'arrive, le directeur a dit à la classe : "Vous avez un professeur remplaçant. Avant de le présenter, j'aimerais que vous lisiez sa biographie. Ensuite, je le ferai entrer."

Ils ont distribué la biographie aux 900 élèves. Les biographies étaient exactement les mêmes, à un mot près. La moitié des biographies disait : "M. Untel est un professeur très chaleureux" et l'autre moitié disait : "M. Untel est un professeur très froid". C'était la seule différence entre le cadre donné à ces élèves avant de rencontrer le remplaçant.

L'enseignant est venu et a donné un cours magistral. Ensuite, les élèves ont été interrogés. La majorité des élèves dont le document avait indiqué qu'il s'agissait d'un professeur chaleureux ont dit des choses telles que : "C'est un professeur extraordinaire", "Il est très gentil", "Il était génial" ou "J'ai beaucoup appris". Les personnes dont le document indiquait qu'il s'agissait d'un professeur froid ne l'aimaient pas, pensaient qu'il leur parlait de haut et le percevaient comme impoli.

Dans la vente, tout commence par un cadre. Il peut s'agir d'une introduction, d'une publicité, voire d'un simple bouton sur une page !

L'un de nos entonnoirs de vente comportait une landing page avec un bouton intitulé Obtenir un accès instantané.

Nous avons fait un A/B test avec Cliquer ici pour finir et nous avons remarqué que notre taux d'opt-in avait explosé. C'était génial, mais ce qui ne l'était pas, c'est que les ventes se sont effondrées. Le cadre de Cliquer ici pour finir les a éloignés de leur position d'achat. Ce petit ajustement a fait chuter les ventes de 50 %.

L'option Obtenir un accès instantané maintenant a créé un état d'esprit différent. La boucle était encore ouverte et la transaction n'était pas terminée. Le prospect se demandait "Et maintenant ?" au lieu de terminer.

Dans le processus de vente, veillez à ce que chaque cadre, chaque boucle et chaque porte maintiennent votre prospect dans un état d'esprit favorable à l'achat.

Secret 83

DOUBLEZ VOS VENTES AVEC CE HACK

Doublez Vos Ventes Avec Ce Hack

Tout le monde est toujours à la recherche de la prochaine astuce géniale (surtout en ligne).

Mais parfois, ce sont les pratiques les plus évidentes qui font le plus de différence.

L'un de mes mentors “Tugan” a fait une présentation intitulée "68% De Vues En Plus Grâce à ce HACK". Il a commencé son exposé en abordant la croyance selon laquelle les entonnoirs de vente et les sites web laids convertissent mieux.

Alors que le commun des mortels pourrait essayer de disséquer et d'examiner ce qui, dans le design ou la mise en page, fait qu'une page laide convertit mieux qu'une belle page, ils passent à côté de la raison la plus évidente.

Les pages laides se chargent généralement plus rapidement parce qu'elles ne contiennent pas de grandes images ou de code spécial. Quelque chose d'aussi simple que la vitesse de chargement des pages peut littéralement doubler vos ventes parce que plus de gens voient l'offre.

Si vous générez du trafic vers un entonnoir et que vous obtenez en moyenne 100 vues par jour, accélérer la page signifie que vous obtenez peut-être 168 personnes par jour. Multipliez ce chiffre par 365 jours dans l'année et vous obtenez 24 800 personnes supplémentaires qui voient votre offre. Avec un taux d'achat de 1 %, cela représente 248 achats supplémentaires que vous n'auriez pas effectués !

La leçon à retenir (outre le problème de vitesse des pages, que vous devriez absolument vérifier) est que de petites choses qui ne semblent pas cool ou sexy au premier abord peuvent en fait faire une énorme différence.

Examinez chaque étape de votre processus de vente et efforcez-vous d'éliminer les obstacles.

Secret 84

UNE STRATÉGIE POUR CONSTRUIRE UNE LISTE MAIL SANS PRODUIT OU LANDING PAGE

Une Stratégie Pour Construire Une Liste Mail Sans Produit ou Landing Page

Si vous essayez de collecter des prospects pour un produit qui n'est pas encore prêt, vous pouvez exploiter le contenu que d'autres personnes ont déjà créé pour constituer votre liste d'adresses email.

La première étape consiste à déterminer quels sont les articles et les vidéos qui ont déjà le vent en poupe sur l'internet. Vous devez trouver du contenu qui attirera le type de personnes le plus susceptible d'acheter votre produit.

Une fois que vous avez trouvé le contenu, il est temps de créer un entonnoir de transition vers ce contenu. L'entonnoir est si simple et pourtant si puissant. Concevez une landing page et créez une accroche et un titre qui suscitent la curiosité. Demandez l'adresse e-mail des destinataires et redirigez-les vers le contenu une fois qu'ils ont fourni cette information. S'il s'agit d'une vidéo, vous pouvez facilement l'intégrer à une page de remerciement portant la marque de votre entreprise. S'il s'agit d'un article, créez une page de remerciement avec un lien vers l'article.

Ainsi, vous n'avez plus besoin de consacrer du temps et de l'argent à la création de votre propre contenu gratuit. De plus, lorsque vous choisissez des sujets qui sont déjà viraux et à la mode, le marché a montré qu'ils sont déjà très intéressants et partageables.

Vous ne faites que profiter de la tendance pour collecter des adresses emails. Le coût par lead ne devrait pas être trop élevé, et vous pourrez alors construire votre liste tout en finalisant votre produit.

Secret 85

VENDRE COMME SATAN
... JE PLAISANTE

Vendre Comme Satan... Je Plaisante

Si Satan peut vendre la condamnation éternelle et la faire ressembler à un manège dans un parc d'attractions, alors il y a quelque chose à apprendre de ses tactiques.

J'ai créé plus d'une cinquantaine de vidéos sur les réseaux pour convaincre de devenir un moine... C'était une vente difficile. J'essayais essentiellement de convaincre les gens de renoncer à l'alcool, au tabac, au porno, aux jeux vidéo ainsi qu'à toute relation sexuelle avant le mariage et extraconjugale, et à mettre 10 % de leurs revenus pour le reste de leur vie. Et s'ils ne faisaient pas d'erreur, ils pourraient être sauvés. Aussi difficile que soit cette vente, Satan avait la tâche plus ardue.

J'ai donc essayé de comprendre comment il s'y prenait. J'ai réalisé que c'était une question de positionnement.

Il ne vend pas vraiment la condamnation éternelle. Il vend toutes les choses autour de lui qui mènent à l'achat de la condamnation éternelle. Indépendamment de votre religion ou de votre système de croyances (dont je ne suis certainement pas ici pour débattre), la stratégie consiste à trouver des choses que nous considérons normalement comme mauvaises et à les faire passer pour bonnes. Et il prend des choses qui sont bonnes et les fait paraître mauvaises.

Souvent, il y a des choses dans votre produit ou service qui ne sont pas parfaites. Comment les positionner de manière à ce que le négatif devienne positif ? Prenons l'exemple d'un nouveau cours que vous vendez sur l'achat d'une voiture en tant qu'investissement. Si vous n'avez pas encore élaboré le cours, vous pourriez vous dire : "C'est un peu négatif, parce qu'ils n'auront pas le contenu tout de suite".

Au lieu de cela, vous demandez-vous pourquoi cela peut être positif. Peut-être parce que les étudiants pourront contribuer à façonner le cours au fur et à mesure que vous le construirez en direct. Ils recevront peut-être plus d'attention que les futurs acheteurs parce qu'ils seront les premiers à participer à l'élaboration du contenu. Maintenant, le négatif a une position positive.

Secret 86

UTILISER VOS ACTIONS DE DERNIÈRE MINUTE POUR FRANCHIR LA LIGNE D'ARRIVÉE

Utiliser Vos Actions De Dernière Minute Pour Franchir La Ligne d'Arrivée

Il y aura des moments dans votre entreprise où vous serez si près de votre but, et pourtant si loin. Cela nous est arrivé. Mais nous avons créé quatre actions de dernières minutes pour nous pousser dans la zone finale.

Chaque mois, nous voulions doubler notre chiffre d'affaires avec notre entreprise. C'est un objectif ENORME et audacieux. En novembre 2022, j'ai creusé au fond d'un tableau Excel ce que nous devions générer pour atteindre cet objectif. La réponse a été 18 k euros de plus que le mois précédent (qui avait été un mois record).

C'était fou. Briser notre meilleur mois et le battre de 18 k euros ? Décembre est généralement le pire mois pour les ventes. Il y avait beaucoup de doutes et de craintes, mais nous avions l'objectif... Nous devions donc maintenant déployer un certain nombre de plans de secours pour pouvoir atteindre cette étape.

Après avoir fait le calcul, nous avons compris qu'il nous fallait gagner 1000 euros de plus par jour pendant une semaine d'affilée. C'est à ce moment-là que nous avons décidé de lancer une série d'actions de dernières minutes en espérant en attraper deux ou trois.

Ce sera différent pour votre entreprise, mais la meilleure chose à faire est de commencer à chercher où vous pouvez faire un suivi. Dans le Secret n° 78, je parle des piles d'argent que vous laissez un peu partout. Commencez par là. En ce qui nous concerne, nous avons remarqué que plus de 1700 personnes avaient regardé notre webinaire sur Amazon kdp, mais que beaucoup d'entre eux n'avaient pas acheter le produit. Nous avons donc créé une campagne ciblant ces personnes et les avons incitées à passer à l'action avant la fin de l'année. Une campagne de type "Action de dernière minute".

Vous pouvez également consulter votre dream 100.

Nous avons décidé de créer un programme d'affiliation ou nous donnions 30% des bénéfices. J'ai envoyé quelques messages aux personnes de mon dream 100 en leur proposant. En leur préfabriquant un mail pour leur newsletter avec mon lien d'affiliation et insistant bien sur les bénéfices qu'ils gagneraient, j'ai pu en convaincre la moitié. Deuxième action de dernière minute.

Ensuite, regardez vers l'avenir dans votre entreprise. Quels sont les événements et les projets futurs sur lesquels vous pouvez agir tout de suite ?

Bien que je n'avais pas encore terminé les finitions de mon livre 37 Manières d'Avoir Davantage De Clients, j'ai eu l'idée d'appeler des créateurs pour leur demander s'ils voulaient faire mon interview. J'ai réussi à conclure un accord avec quatre personnes en l'espace d'une semaine. Troisième action de dernière minute.

Enfin, tirez parti de vos produits et services existants. Y a-t-il du contenu que vous n'utilisez pas ? Des articles qui prennent la poussière sur l'étagère simplement parce que vous ne leur avez pas donné un nouvel emballage ou suffisamment de temps sous les projecteurs ?

Nous avons décidé de prendre une tonne de contenu jamais publié, ainsi que des formations, des vidéos d'événements, et de les regrouper dans un produit. La quatrième action de dernière minute.

À la fin de l'année, nous avions atteint notre objectif de doubler notre chiffre d'affaires.

Comme vous pouvez le constater, la fixation d'objectifs et la création d'actions de dernières minutes sont essentielles dans le monde des affaires. Si nous n'avions pas fixé cet objectif ambitieux, nous n'aurions eu aucune raison d'insister. Et si nous n'avions pas lancé nos actions de dernières minutes, nous n'aurions pas atteint notre objectif.

Secret 87

AJOUTEZ DES CENTAINES DE MEMBRES À VOTRE ABONNEMENT GRÂCE À CE SECRET

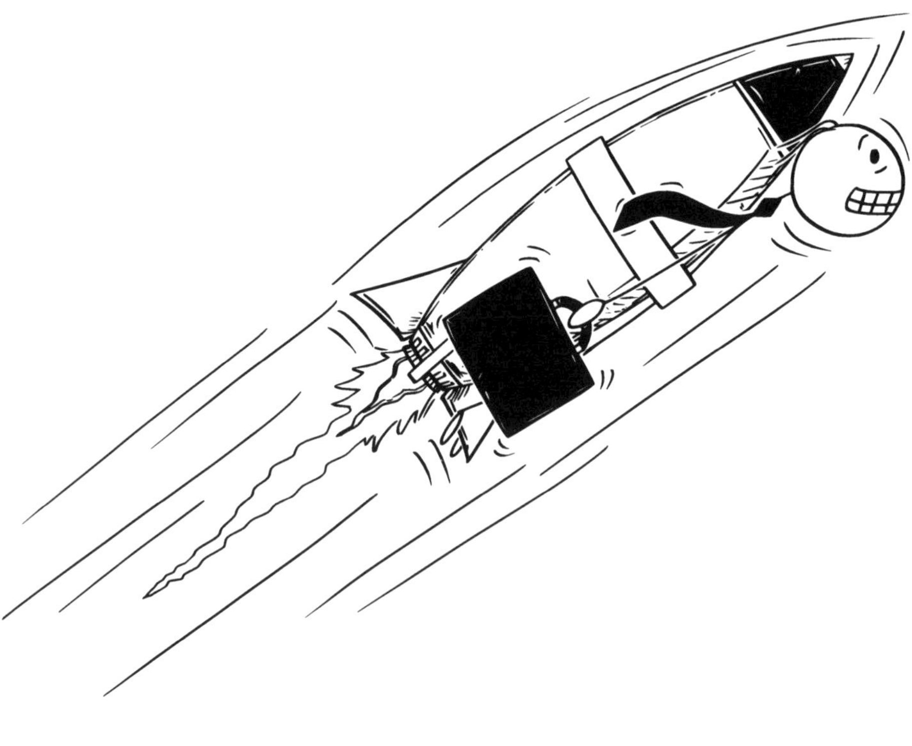

Ajoutez Des Centaines De Membres À Votre Abonnement Grâce À Ce Secret

Les abonnements sont difficiles à vendre en ligne. Voici donc une stratégie de vente qui permet d'attirer des centaines de personnes. La clé réside dans la combinaison de la rareté et de la mise en place d'un cadre.

Voici ce que vous faites. Vous commencez par une accroche de découverte. Quelque chose comme : "Hé, les gars ! Vous ne le croirez jamais. Je viens d'apprendre une nouvelle chose géniale et je veux vous la montrer. Je vais vous la montrer en direct et vous emmener dans les coulisses".

Il s'agit d'une invitation à un événement de type webinaire. Vous pouvez le faire comme vous le voulez, avec les outils que vous voulez, mais ce doit être en direct ! Créez la curiosité et le buzz et faites en sorte que les gens s'inscrivent pour assister à l'événement. Cet événement doit également être gratuit. Envoyez quelques emails et parlez de l'événement sur vos canaux sociaux.

L'événement en direct s'agira d'une présentation de 45 minutes au cours de laquelle vous leur montrez le QUOI de votre découverte.

J'ai utilisé exactement la même stratégie lorsque j'ai découvert comment générer 300 leads par jour. Je n'ai pas montré comment procéder étape par étape, mais j'ai raconté comment j'avais découvert cette méthode et ce que j'avais fait.

La narration est importante ici. Montrez le chemin parcouru jusqu'à votre découverte.

Expliquez ce que vous avez trouvé. Montrez-leur ce que cela apporte à votre entreprise. Dans mon exemple, je leur ai montré comment nous avions trouvé des réseaux pour nous vendre des prospects et je leur ai expliqué comment ces prospects étaient introduits dans notre autorépondeur.

À la fin des 45 minutes, si vous vous y prenez bien, les gens vont VOULOIR faire ce que vous faites. Ce qu'ils ne sauront pas, c'est COMMENT le faire. Dans mon exemple, ils ne savaient pas comment trouver les meilleures offres en question, comment négocier, comment payer, etc. Il y avait toutes ces pièces manquantes.

À la fin de la présentation, vous devez dire : "Bon, je vais faire une décomposition de 90 minutes de cette formation dans mon groupe de membres, où je vous montrerai exactement comment faire. Je vous montrerai étape par étape chaque détail afin que vous puissiez le reproduire exactement dans votre entreprise."

Vous pouvez ensuite dire quelque chose comme : "Si vous êtes membre, félicitations ! Connectez-vous à l'espace membres, et le lien pour la formation en direct sera juste là. Je ne l'enregistrerai pas et elle sera supprimée après le live. Ce n'est qu'une fois et une seule. Si vous le voulez, c'est le moment !"

Cela permet d'encadrer tous les auditeurs de l'appel afin qu'ils comprennent que s'ils ne sont pas membres, ils seront perdants.

Vous dites alors : "Si vous n'êtes pas encore membre, vous avez exactement 15 minutes avant le début de cette formation. Dans 15 minutes, je la retire de la page, et si vous attendez ne serait-ce que 5 minutes de plus, vous raterez votre chance. Elle sera perdue à jamais. Le seul moyen de comprendre comment faire est de participer à cette formation en direct. En fait, nous avons trois autres experts, les personnes que vous devez rencontrer et qui vous aideront à démarrer, qui seront présents lors de l'appel. Mais il s'agit d'une offre unique, qui n'est pas enregistrée et qui commence dans 14 minutes exactement. Alors dépêchez-vous. Inscrivez-vous dès maintenant à l'appel."

Vous obtiendrez une tonne d'inscriptions parce que les gens ne veulent pas manquer cet événement en direct. Et oui, certains d'entre eux annuleront une fois l'événement terminé, mais d'autres resteront grâce à votre contenu intéressant et à d'autres formations en direct.

Mentalité

Introduction

Il y a un mot qui décrit l'entrepreneur. Ce mot, c'est l'élan. Le sentiment d'aller de l'avant et de progresser. Lorsque vous perdez votre élan, tout vous semble difficile. C'est la confusion et le brouillard. Le syndrome de l'objet brillant et la paralysie s'installent.

C'est lorsque je suis en vacances que je le remarque le plus. En fait, cela ne me dérange pas de me préparer à partir en vacances parce que je fais des choses et je progresse. Mais lorsque les vacances arrivent, tout s'arrête.

La famille et les amis me disent par exemple : "Tu es en vacances, tu n'as pas le droit de parler de ton travail." Et je me dis : "Si je ne parle pas de mon travail, tout s'arrête et ne progresse plus dans ma vie." Et c'est l'absence d'élan, de mouvement, de direction qui me déprime, me rend triste et me bloque.

Cela se produit également à d'autres moments dans les affaires. Le rejet, les problèmes de gestion d'équipe, la mauvaise planification, l'argent gaspillé, la lenteur des ventes. Toutes ces choses ruinent l'élan et font basculer la plupart d'entre nous, chefs d'entreprise, dans le doute.

C'est pourquoi cette partie du livre est la plus importante. Il s'agit de l'état d'esprit. Il s'agit de savoir comment garder son cerveau et ses pensées sous contrôle même lorsque les choses ne se passent pas comme prévu.

Il s'agit de toutes les astuces et stratégies que j'ai utilisées pour tirer parti de mon cerveau afin de maintenir l'élan.

Secret 88

LE PIRE SCÉNARIO

Le Pire Scénario

La pensée positive est géniale, mais la pensée du pire scénario l'est tout autant. De temps en temps, envisager le pire des scénarios peut vous aider à vous débloquer.

Il y a quelque temps, le minage de crypto s'est arrêté. Nous avions 50 cartes graphiques qui produisaient 95% de notre CA, et nous avons perdu notre rentabilité. J'ai eu une peur paralysante. Je ne savais pas quoi faire, ni comment bouger ou réagir. J'étais tout simplement coincé.

Je me souviens m'être dit : "Je suis dans une mauvaise passe". Puis je me suis assis et j'ai réfléchi au pire des scénarios. Dans le pire des cas, je dois fermer notre entreprise, revendre les cartes et déposer le bilan.

J'ai fait la liste de toutes ces choses et j'y ai réfléchi jusqu'à ce que cela me convienne.

Soudain, cette peur paralysante a disparu et j'ai pu prendre les devants et faire ce qu'il fallait pour surmonter cette peur et créer un business résistant aux pires des scénarios. (Le marketing).

Partout où vous êtes paralysé, creusez profondément. Pourquoi avez-vous si peur ? Quelles sont vos véritables peurs ? Si la faillite est le pire des scénarios (comme c'est le cas pour de nombreux entrepreneurs), quelles sont vos craintes à ce sujet ?

Vous avez peut-être peur de perdre votre maison. D'accord, allez-y. Imaginez ce que ce serait de perdre votre maison. Ce serait probablement très pénible, n'est-ce pas ? Et puis quoi ? Vous loueriez un logement. Peut-être que vous feriez faillite. Peut-être devriez-vous aller vivre chez papa et maman pendant quelques mois.

Votre santé a-t-elle disparu ? Non. Êtes-vous toujours en vie et respirez-vous ? Oui. Votre famille vous aime-t-elle encore ? À moins qu'ils ne soient idiots, bien sûr ! C'est le pire des scénarios dans le monde des affaires.

Si vous parvenez à affronter ce scénario, vous serez prêt à jeter les dés et à prendre des risques calculés.

Si vous n'arrivez pas à affronter cette peur, elle vous hantera toujours. Vous perdrez beaucoup de temps et d'énergie à repousser ces pensées, ce qui dégradera votre confiance et vos fondations.

En tant que dirigeants, nous devons avoir une vision de l'endroit où nous voulons aller, puis avoir la volonté et la capacité de nous guider et de guider notre équipe pour y parvenir, d'agir et de bouger. Jouez le scénario du pire et acceptez-le. Vous serez alors libre de prendre les risques que nous devons TOUS prendre parfois pour réussir dans le game.

Secret 89

COMMENT SAVOIR SI VOUS AUREZ DU SUCCÈS DANS LE BUSINESS

Comment Savoir Si Vous Aurez Du Succès Dans Le Business

Il existe un moyen très simple de savoir si vous allez réussir en tant qu'entrepreneur. Et une fois que je vous l'aurai dit, si vous vous dites : "Bon sang, je suis foutu", ne vous inquiétez pas, vous pouvez changer d'objectif et réussir.

Vous êtes prêt ?

Les personnes qui ne réussissent généralement PAS sont celles qui veulent simplement gagner de l'argent. Ils se lancent dans les affaires uniquement pour les bénéfices financiers.

Ou bien ils se soucient beaucoup de leur produit. Ils sont obsédés par leur invention ou leur cours. C'est leur bébé et ils ne peuvent pas voir au-delà de cette perspective.

Ce sont ces personnes qui échouent.

Les personnes qui réussissent généralement ? Ce sont ceux qui sont absolument passionnés et enthousiasmés par le marketing.

Apple n'est pas un fabricant d'iPhone. Son activité consiste à VENDRE des iPhones. C'est ce que Steve Jobs a compris et c'est la raison pour laquelle il était si important. Il a fait croître l'entreprise à coup de milliards. Il savait que nous étions dans le domaine du marketing et de la vente. Pas dans le domaine du téléphone.

À chaque fois que je prévois de tourner une nouvelle publicité, je suis tellement euphorique. J'adore ça ! Trouver la nouvelle stratégie folle pour attirer l'attention des gens envers mon produit, c'est une passion.

N'oubliez pas ceci : ce n'est pas l'objet qui compte, c'est la vente de l'objet qui compte.

Ce sont les gens qui réussissent.

Secret 90

COMMENT PROTÉGER VOTRE SUPER-POUVOIR

Comment Protéger Votre Super-Pouvoir

Vous savez ce qui se passe lorsque les entreprises commencent à se développer ? Le chef d'entreprise oublie de protéger son super-pouvoir.

Il y a une chose que vous faites VRAIMENT bien. Il y a peut-être deux ou trois choses, mais il n'y a pas tout. Au début du business, il faut se résigner et faire tout ce qu'il faut. Le problème, c'est qu'à un moment donné, cela doit changer si vous voulez passer à l'échelle supérieure. Vous devrez cesser de tout faire sauf votre SEUL superpouvoir.

Je me souviens du moment où j'ai eu un déclic à propos de ma liste de choses à faire. Je faisais tout. Soutien, conception, rédaction, administration - tout ce que vous voulez, je le faisais. Mais la seule chose qui nous rapportait le plus d'argent, c'était lorsque je participais à un podcast. Je gagnais plus d'argent en 90 minutes que pendant le reste du mois. C'est à ce moment-là que j'ai compris que je devais créer une entreprise qui me permettrait de participer à des podcasts autant que possible et de renoncer à tout le reste.

J'ai eu la même révélation avec mon ancien patron Fred. C'est l'un des développeurs les plus extraordinaires que j'aie jamais vus. Mais au début, il s'occupait beaucoup de l'assistance technique et de la correction des bugs, ce qui n'était pas son domaine de prédilection. Nous savions tous les deux que ces tâches devaient être accomplies, mais cela nous empêchait d'exploiter nos véritables talents.

Les barrières peuvent aussi être des personnes. L'embauche de personnel supplémentaire, la façon dont vous aménagez votre bureau ou votre espace de travail pour ne pas être distrait. Les barricades peuvent être des méthodes de travail standard et des règles auto-infligées qui vous évitent de dire oui à toutes les opportunités.

Utilisez la règle des 80/20. Si vous passez généralement 80 % de votre temps à faire des choses qui ne sont pas votre super-pouvoir et 20 % à travailler avec votre plus grand don, alors inversez la situation. Essayez de réorganiser votre journée de manière à ce que 80 % de votre énergie soit consacrée à votre super-pouvoir et 20 % à toutes les autres choses.

Secret 91

ARRÊTEZ DE VOUS CONCENTRER SUR LES MAUVAISES CHOSES !

Arrêtez De Vous Concentrer Sur Les Mauvaises Choses !

Chaque jour, je regarde les stories de ma communauté sur Instagram et je vois des gens qui se concentrent sur toutes les mauvaises choses. Ils se concentrent sur la création d'entonnoirs super compliqués qui nécessitent un codage spécial. Ils sont distraits par la dernière tendance ou formule d'un nouveau gourou. En fait, la majorité des messages que je reçois viennent de personnes qui se concentrent sur les mauvaises choses.

Ils veulent des intégrations fantaisistes ou des fonctionnalités qui compliquent excessivement le processus. Pendant ce temps, chaque jour qui passe, ils continuent à NE PAS gagner d'argent.

J'ai eu une conversation avec un homme qui voulait utiliser mon livre 37 manières d'avoir davantage de clients mais qui ne l'avait pas encore acheté à cause d'un problème d'intégration d'un effet sur un bouton d'achat.

Client : "Natan, je veux utiliser ton livre, mais je ne peux pas parce que je n'arrive pas encore à faire un surlignement automatique sur le bouton de paiement."

Moi : "pourquoi faire un surlignement automatique ?"

Client : "Parce que j'ai besoin d'un effet supplémentaire pour que ça soit joli."

Moi : "Avez-vous déjà atteint un chiffre d'affaires de 10 millions d'euros ?"

Client : "Non, je ne me suis pas encore lancé. Je construis d'abord mon infrastructure."

Il n'avait même pas encore d'entreprise. Il n'avait pas encore vendu un seul de ses produits.

Beaucoup de nos clients qui réalisent des millions de ventes chaque année ne se préoccupent pas des surlignement automatique et de la segmentation avancée, mais ils gagnent quand même beaucoup... d'argent.

Vous savez ce que j'ai dit à ce type ? Je lui ai dit qu'une fois qu'il aurait atteint un chiffre d'affaires de 10 millions d'euros, il pourrait commencer à se préoccuper des boutons automatiques...

Mais pour l’instant, il devrait utiliser mon livre, et non pas un programme surdimensionné qui bâtit toute son activité sur la surcomplication des choses. En attendant, son seul travail consistait à vendre.

Sur quoi vous concentrez-vous en ce moment ? Si vous ne gagnez pas encore d'argent, c'est peut-être parce que votre objectif n'est pas le bon.

Secret 92

FOCUS SUR : LES INTÉRÊTS COMPOSÉS

Focus Sur : Les Intérêts Composés

Environ 95 % des entrepreneurs ont plus d'une entreprise. En fait, ils ont plus de trois ou quatre entreprises. Et c'est une très mauvaise idée.

Lorsque vous vous concentrez sur une seule activité, tout ce que vous faites a un effet composé.

Tout comme l'intérêt composé (considéré comme une merveille du monde), tout le trafic que vous générez, les lancements, les nouvelles offres, ont un effet de levier parce que vos clients sont en mesure de dépenser plus et d'acheter plus souvent.

Si vous avez plus d'une activité, arrêtez. Il n'y a pas d'effet cumulé.

Chacun de vos efforts est en fait réduit de moitié parce que vous divisez votre attention et votre temps entre chaque activité. Imaginez maintenant à quel point vos efforts sont dilués lorsque vous avez trois, quatre ou cinq entreprises.

Deuxièmement, dans votre entreprise UNIQUE, il ne doit y avoir qu'UN SEUL focus. Cela signifie que peu importe le nombre de produits, d'entonnoirs ou de campagnes que vous créez, ils mènent tous à ce produit principal que vous essayez de vendre.

Pour moi par exemple, c'est ce livre. Chaque livre, chaque webinaire gratuit, chaque élément de contenu supplémentaire, tout cela mène à ce SEUL produit dans UN business.

Cela vous permet également de vous améliorer. De vous entraîner, de peaufiner et d'optimiser votre processus de vente, de sorte qu'au fil du temps, vos systèmes se perfectionnent.

Si vous vous concentrez sur une seule entreprise et un seul produit de base, tout deviendra plus facile.

Secret 93

ATTACHEZ UN ROI À TOUT

Attachez Un ROI À Tout

La plupart d'entre nous, entrepreneurs, vivons dans un monde où le retour sur investissement (ROI) est primordial. Quel que soit le sujet sur lequel nous travaillons, nous voulons voir où va notre temps et comment il nous rapporte de l'argent.

Si vous avez du mal à faire avancer les choses, que ce soit dans les affaires ou dans la vie, vous procrastinez très probablement parce que vous ne voyez pas le ROI. Dans ma vie, je le vois dans des choses comme aller à l'auto école. Pour passer mon permis de voiture et je devais me rendre à l'auto école, mais j'ai tergiversé pendant deux ans parce que je m'étais convaincu que les transports en communs suffisaient. Il n'y avait pas de ROI évident et ce n'est que lorsqu'un membre de ma famille m'y a conduit que je l'ai fait. Une fois le permis obtenu, j'en ai profité pour faire de l'achat revente de carte graphique, et tout d'un coup, le retour sur investissement était là.

N'oubliez pas qu'il existe de nombreux autres types de retour sur investissement que nous pouvons mesurer.

Le temps passé en famille, le développement de relations enrichissantes, les économies réalisées. Autant d'investissements qui valent la peine d'être réalisés, n'est-ce pas ? Gagner de l'argent est le retour sur investissement le plus facile à repérer dans les affaires, mais lorsque vous avez besoin de motivation pour une tâche pour laquelle vous ne trouvez pas de retour sur investissement immédiat, trouvez quelque chose d'autre à mesurer et utilisez-le pour passer à l'action.

Avec des amis entrepreneurs, nous avions réservé un AIRBNB. Je suis arrivé en avance et je ne pouvais pas supporter l'idée de rester assis pendant deux heures à attendre que le propriétaire arrive et me donne les clés. Je me suis donc dit que si je me concentrais sur le temps passé à lire et trier mes email, cela deviendrait un retour sur investissement que je pourrais mesurer et dans lequel il est de toute façon obligatoire d'investir. J'ai donc ouvert mon téléphone et trié mes mails pendant les deux heures qu'il m'a fallu pour attendre l'arrivée du propriétaire. Un ROI important pour moi a fait que la tâche en valait vraiment le coup.

Reconnaissez que les entrepreneurs ont besoin d'un retour sur investissement pour se sentir motivés.

Secret 94

SOLUTION OU PROBLÈMES

Solution Ou Problèmes

Il y a deux sortes de personnes dans le monde : celles qui trouvent des problèmes et celles qui trouvent des solutions.

Beaucoup de ceux qui sont doués pour trouver des problèmes pourraient trouver la réponse s'ils réfléchissaient un peu plus ou s'ils prenaient le temps de faire des recherches. C'est comme un mécanisme par défaut qui devient une habitude. "Voilà un problème... Oh, il y a un problème. Oups... un autre problème."

Examinez attentivement les 20 ou 30 derniers emails, textes, messages ou conversations que vous avez eus avec votre équipe, votre patron ou votre partenaire. Sont-ils tous axés sur l'identification de problèmes ou la recherche de solutions ?

Comment devenir le type de personne qui trouve des solutions ? Tout d'abord, reconnaissez que vous n'êtes peut-être pas sûr de votre capacité à trouver la réponse. Il se peut que vous recherchiez une validation extérieure avant de mettre en œuvre la solution. Ce qui est amusant, c'est que si vous cessez de chercher une validation et que vous essayez simplement, vous vous débarrasserez de ce problème.

Une autre raison pour laquelle vous cherchez des problèmes plutôt que des solutions est que vous manquez de motivation. Voyez les choses sous cet angle : trouver des problèmes est la compétence la plus facile au monde. L'ensemble de la population sait le faire et le faire bien. Mais seule une petite partie de la population est capable de résoudre des problèmes et de trouver des solutions. Si vous aspirez à être meilleur que la plupart des gens, la recherche de solutions est un superpouvoir que vous pouvez exploiter, que vous souhaitiez une augmentation de salaire, un nouvel emploi, plus de ventes, plus de visibilité ou plus de pouvoir.

Il y a une autre raison pour laquelle vous pouvez être dans cette situation, et cette raison n'est en fait pas de votre faute. Parfois, il y a tout simplement BEAUCOUP de problèmes en même temps, et vous n'avez pas donné suffisamment de repos à votre cerveau pour qu'il puisse trouver les solutions. N'oubliez pas que les solutions requièrent de la créativité, et que la créativité exige un certain type d'environnement.

Au début de notre entreprise, je prenais en une journée l'équivalent d'une année de décisions. C'était épuisant. À la fin de la journée, je m'allongeais sur le canapé de mon bureau, je regardais dans le vide et je me sentais accablé. Je ne trouvais pas de solutions. Je ne trouvais que des problèmes.

Ce n'est que lorsque je faisais de la méditation ou une promenade dans les bois que mon cerveau avait le temps de se réinitialiser et de puiser à nouveau dans sa créativité. Si c'est votre cas, laissez votre cerveau se réinitialiser pour créer un environnement propice à la résolution de problèmes.

Secret 95

FAIRE FACE AUX HATERS

Faire Face Aux Haters

Tony Robbins a dit un jour : "Il y a deux façons de construire le plus haut bâtiment de la ville. La première consiste à se lancer et à mettre beaucoup de sueur, d'efforts et tout le reste à construire le plus grand bâtiment de la ville. La seconde consiste à faire le tour des bâtiments des autres et à les démolir, et c'est ainsi que l'on devient le plus grand".

Si vous n'avez pas encore rencontré de haters, vous en rencontrerez. En fait, c'est une garantie, même si vous pensez que vous dirigez l'entreprise la moins controversée qui soit.

Plus de visibilité et de reconnaissance ne font qu'attirer les casseurs. La plupart des gens ne veulent pas travailler dur pour construire le plus haut bâtiment. Ils veulent démolir ceux des autres parce que cela leur donne l'impression d'être plus grand. Et tous les haters que vous rencontrerez dans votre parcours professionnel seront ce type de personne.

Voici le clou de l'histoire. Il est également important de s'assurer que vous construisez et que vous ne démolissez pas d'autres bâtiments dans le but de vous développer. La concurrence est excellente et nécessaire dans un marché libre, mais il y a une différence entre la concurrence et l'animosité. Fournissez-vous des produits DE QUALITÉS, des cours GÉNIEUX, un coaching INCROYABLE ? Êtes-vous performant et faites-vous des efforts, même si les gens ne vous le demandent pas ? C'est ainsi que fonctionne la compétition. Entraînez-vous plus dur et plus vite que les autres pour pouvoir les battre à armes égales.

Les personnes qui choisissent la deuxième méthode ne créent rien de nouveau ou d'original. Il n'y a rien que vous puissiez montrer du doigt en disant : "Regardez ce qu'ils ont construit !". Au contraire, tout ce qu'ils proposent consiste à réparer ce que les autres font mal. Tout est conçu pour "défaire" quelque chose d'autre qui a été mal fait. Les haters créent des entreprises entières basées sur la peur, la suspicion et le fait de "sauver" les autres des grands immeubles qui existent déjà.

Les haters vraiment talentueux donneront l'impression qu'ils rendent un grand service au monde. Ils nous sauvent tous. Il s'agira d'une croisade déguisée en bonne cause. Ils vous diront que les bâtiments DOIVENT être détruits parce qu'ils sont tous maléfiques.

Ne prêtez pas attention à vos haters. Concentrez-vous sur votre propre bâtiment.

Secret 96

TOURNER VOTRE ‘NON’ EN ‘ET SI ?’

Tourner Votre 'NON' En 'Et si ?'

La première fois que j'ai entendu dire que le beurre était bon pour la santé, je me suis dit que ce n'était pas possible. Le beurre est mauvais. Il a toujours été mauvais. Mon premier réflexe, lorsque j'entendais quelque chose de nouveau, était de dire NON.

Mais avec le temps, j'ai appris à transformer ce "non" en "et si". À donner une chance à des choses que je ne donnerais pas en temps normal. Dans le cas du beurre, j'ai appris qu'un régime riche en graisses et pauvre en glucides permettait en fait d'être plus mince et en meilleure santé. Je ne l'aurais pas appris si je ne savais pas comment transformer le "non" en "et si".

Si vous avez du mal à le faire, c'est peut-être pour cette raison : Dans notre société, on nous apprend que l'école vient en premier, le travail en second. Lorsque vous obtenez votre diplôme, vous cessez d'être un étudiant et vous trouvez un emploi qui vous permet de contribuer à la société. Nous n'avons pas de stratégie d'apprentissage et d'éducation tout au long de la vie. Lorsque nous éteignons la partie "étudiant" de nous-mêmes et que nous fermons la porte à l'apprentissage, le "non" devient notre nouveau défaut.

Après tout, nous avons déjà fini d'apprendre, n'est-ce pas ? Nous savons maintenant des choses. Tout ce qui ne correspond pas à notre base de connaissances actuelle est mis de côté.

Pour rééduquer votre cerveau, vous devez vous ouvrir à nouveau à l'apprentissage. Faire confiance à d'autres personnes qui peuvent vous apprendre de nouvelles choses, même si vous êtes un expert.

Une fois, lorsque j'ai assisté à un événement organisé par David Laroche, les gens sautaient partout, devenaient fous, chantaient et dansaient. Pendant les cinq ou six premières heures, je suis restée assis, les bras croisés, à me dire : "Non, je ne danse pas. Je ne saute pas. Tout ce qu'il dit, c'est de la foutaise. Je n'y crois pas."

J'étais complètement fermée. Mon instinct me disait NON. Mais David a un moyen, et il est plutôt bon dans ce qu'il fait. Au bout de cinq ou six heures, j'ai fini par me dire : "Vous savez quoi ? Et si... ? Et si ces gens étaient vraiment heureux et faisaient une découverte ? Pourquoi ne puis-je pas sauter partout et être heureux ? David a peut-être raison."

Cela a absolument changé ma vie. Il a transformé tant de choses pour moi. Mais surtout, il m'a appris à revenir à l'état d'esprit de l'étudiant.

Secret 97

ACTION IMPARFAITE

Action Imparfaite

Xavier Niel, l'un des premiers spécialistes du marketing en ligne, avait l'habitude de dire : "Ecoutez, je me fiche de savoir si vous pensez que votre produit est excellent. Un canard mort ne peut pas voler. Vous pouvez continuer à créer de nouvelles lettres de vente, de nouvelles vidéos et faire tout ce que vous pouvez imaginer, mais cela n'a pas d'importance. Un canard mort ne vole pas".

Je vois cela tout le temps. Les gens mettent tant d'amour et de dévouement dans un produit que le marché s'en désintéresse. Quand la philosophie de Nietzsche est entrée dans ma vie, j'ai écrit un livre. J'étais tellement passionné par ce livre. Que j'essayais sans cesse de le vendre, mais personne ne l'achetait. Peu importe les tactiques que j'essayais, c'était un échec à chaque fois.

Un ami entrepreneur m'a dit : "Nat, je ne pense pas que quelqu'un veuille acheter ce livre. Tu dois créer un nouveau produit. Tu dois essayer quelque chose de différent. Tu as les compétences et le savoir-faire pour écrire un livre. Tu sais comment rédiger une lettre de vente. Tu as fait tout le processus une fois, alors maintenant tu dois créer un nouveau livre".

Mais je ne pouvais pas laisser tomber. Je n'arrivais pas à m'en défaire. Parce que j'avais laissé la perfection m'envahir. Après tant d'années passées à se battre pour mon livre et à le perfectionner, je n'étais pas en mesure de le laisser tomber et d'essayer quelque chose de nouveau.

C'est l'un des problèmes du perfectionnisme. Outre le fait qu'il ralentit la croissance, il crée un lien si fort entre vous et votre produit que vous ne pouvez pas faire face à la vérité du marché lorsque vous vous apprêtez enfin à le publier. Vous ne pouvez pas entendre le trafic crier **"Nous ne voulons pas ça !"**.

Le perfectionnisme vous lie au produit que vous avez créé. Il est difficile de lâcher prise. Il est difficile d'entendre la vérité. Le remède à cela est bien sûr l'action imparfaite.

L'action imparfaite signifie que vous créez le produit minimum viable et que vous le testez dès que possible. Laissez le marché voter avec sa carte de crédit et vous dire si vous devez y consacrer plus de temps et d'argent.

L'action imparfaite crée plus de millionnaires que la perfection.

Secret 98

LE POUVOIR DE L'HONNÊTETÉ.

Le Pouvoir De L'Honnêteté.

Je me souviens du jour où mon compte stripe à été bloqué. Je me rendais dans mon bureau et je venais de débarquer.

Vous savez, lorsque vous vous réveilliez, votre téléphone commence à sonner avec des notifications après avoir été en mode avion pendant des heures ? Mon téléphone a failli exploser à cause de toutes les notifications. Mon ami entrepreneur Adrien m'a envoyé un message avec la phrase "si tu survis à ça". Je ne vous ennuierai pas avec les détails, mais c'était grave. Un compte stripe bloqué signifiait des centaines de clients en colère et une perte de revenus considérable.

À ce moment-là, j'avais le choix. Je pouvais essayer de faire bonne figure et de paraître impeccable, comme si tout allait bien (alors que ce n'était certainement pas le cas)... ou je pouvais être honnête et faire face à la réalité.

Arrivé dans mon bureau, j'ai fait une vidéo. Les gens pouvaient voir que j'étais en colère et bouleversée. Elle n'était pas scénarisée ou peaufinée. J'ai simplement raconté honnêtement ce qui se passait et comment nous essayions d'y remédier. Environ une heure après la publication de la vidéo, mon téléphone a été inondé de messages d'encouragement et de soutien.

Presque tous disaient la même chose, mais d'une manière différente. "Merci d'avoir été honnête et transparent. Nous sommes ici et avec vous, et nous ne quitterons pas votre offre à cause d'un problème".

Le leadership est parfois si en retard. Vous pensez que le fait de montrer votre force et votre invincibilité incitera les gens à vous suivre, alors que c'est votre humanité et votre vulnérabilité qu'ils recherchent.

Il y a longtemps, j'ai écouté l'histoire d'une femme. Elle a bâti une entreprise de plusieurs millions de dollars en étant si honnête et si vulnérable... et ce n'est pas facile.

Elle a révélé au monde entier qu'après avoir eu des bébés, elle ne pouvait plus faire d'exercice sans faire pipi dans son pantalon. Après avoir produit une vidéo d'exercice terriblement embarrassante dans laquelle elle faisait pipi dans sa culotte devant la caméra, elle a choisi de ne pas l'effacer... et d'admettre qu'il s'agissait d'un problème auquel elle était confrontée.

Il s'avère que des millions de femmes ont réagi à son honnêteté et qu'elle a gagné plus d'un million de dollars sur un produit à 37 dollars en six mois parce qu'elle a été honnête.

Secret 99

PLAISIR VS. DOULEUR

Plaisir Vs. Douleur

Notre cerveau nous pousse toujours à fuir la douleur ou à rechercher le plaisir. Lorsque vous apprendrez à utiliser cela à votre avantage, vous ferez beaucoup plus de choses !

Le lancement de l'un de nos sites web a pris des mois de plus que nécessaire parce que je remettais à plus tard ma part du projet. J'y avais associé tellement de douleur et de souffrance que, peu importe le nombre de fois où j'ai eu du temps, j'ai trouvé des moyens d'éviter de le faire.

Je vois cela se produire tout le temps avec des personnes qui sont prêtes à activer leurs publicités Facebook dans leurs entonnoirs. Ils associent tellement de douleur à l'achat de publicités qu'ils dépensent de plus en plus d'argent pour des formations, des cours, du coaching et des séminaires. Leur cerveau essaie de trouver du plaisir et de s'éloigner de la douleur parce que la peur que la publicité ne fonctionne pas est si forte. D'une certaine manière, le succès de la publicité devient le symbole de l'échec total ou de la réussite de l'entreprise. Ils pensent que si l'annonce ne fonctionne pas, l'offre est mauvaise et que l'entreprise doit être mise à la poubelle.

Pour en revenir à ma procrastination, j'ai passé six semaines à retarder une tâche qui me prenait 20 minutes. La douleur dans mon cerveau rendait la situation bien pire qu'elle ne l'était en réalité !

Alors, comment utiliser à votre avantage la tendance naturelle de votre cerveau à rechercher le plaisir et à éviter la douleur ? Ce que je devais faire, c'était créer quelque chose qui me procurait tellement de plaisir et d'excitation que mon cerveau se disait : "Je veux ça ! Je le veux tellement que je ne me soucie pas de la douleur." C'est la première étape. Créer cette chose. (Et non, je ne veux pas vous révéler ce que c'est, parce que c'est stupide, mais c'était un plaisir pour moi).

La deuxième étape consiste à vous dire que vous ne pouvez pas ressentir ces bons sentiments tant que la tâche douloureuse n'est pas terminée. Le plaisir finit par éclipser la douleur (si vous vous y prenez bien). Comme un aimant, il vous pousse à terminer la tâche.

La troisième étape consiste à reconnaître la prochaine fois que cela se produira. Souvenez-vous de l'intensité de la douleur et du fait qu'une fois que vous l'avez fait, ce n'était pas aussi grave que vous l'aviez imaginé dans votre tête.

C'est ce que je faisais tout le temps dans le karaté. Je passais trois ou quatre semaines à m'étirer, à travailler et retravailler des mouvements de kata. À recevoir des coups pour me renforcer. J'étais dans la pire des souffrances physiques. Pourquoi aurais-je fait cela ? J'éprouvais un tel plaisir à gagner un combat. Ce plaisir, était si grand que j'étais prêt à sacrifier la douleur, la vie sociale et tout le reste. Juste parce que je voulais qu'on me lève la main après un combat.

Trouvez un plaisir suffisamment grand pour l'emporter sur la douleur associée aux tâches que vous ne voulez pas faire et faites-les.

Ce Livre Est l'Étape Suivante :

37 Manières d'Avoir Davantage De Clients est le livre qui permettra à votre business d'exploser votre nombre de ventes.

VENTES = ARGENT

Il n'y a pas de filtre dans ce livre, c'est la voix express vers la richesse. Conservez ce livre soigneusement, car il sera utile pour toute votre vie et pourra être transmis à la génération suivante. Ces astuces sont universelles et s'appliquent à tout type de business. Parmi ces méthodes, il y a des secrets que personne à part moi ne vous révélera.

- Des méthodes utilisées par les Rothschild pour s'attribuer les clients des autres et établir un monopole.
- Des pépites d'or découvertes dans des formations coûteuses (environ 20 formations allant de 500 à 3000€ chacune).
- Des secrets révélés par des intervenants qui, n'étant pas habitués à être en direct sur internet, ont fini par vider leurs sacs pour impressionner les autres… (Aujourd'hui, vous devinerez qu'ils s'en mordent les doigts…)
- 17 hacks que j'utilise dans mes business pour augmenter mes ventes, le panier moyen et les sommes dépensées.
- Des stratégies pour atteindre les x100 en retour sur investissement (ROI) ! (Oui, cela existe et c'est l'égal.)

Enfin, une fois que votre offre est structurée de manière à être ultra rentable, vous devez attirer du trafic qualifié en masse. Avec ce livre et je vous dévoilerai comment avoir un trafic quasi illimité.

Mes Réseaux Sociaux :

linktr.ee/natanlemaire

Ce lien regroupe tous mes réseaux sociaux.

Sur ma chaîne, vous retrouverez des vidéos sur le marketing et sur le business en ligne.

(Tout ce qui vous fera gagner de l'argent au final).

Voici des exemples de vidéo sur la chaîne :

- Gagner 5k€/mois en travaillant 15 minutes par jour.
- Comment avoir un emploi du temps de dictateur puissant ?
- Transformer 7k€ en 40k€ en 1 an grâce au minage d'ETH.

La plupart des gens n'y croiront pas et crient à l'arnaque !
Tempi pour eux.

Bonne nouvelle : ça en fera plus pour vous !

Sur mon Instagram et mon twitter, vous allez davantage être plongés dans mon quotidien. En plus de mes conseils, vous allez pouvoir regarder en avant-première comment je gère et créer de nouveaux business rentables.

Vous serez les premiers au courant des nouvelles opportunités !

J'utilise également Telegram pour discuter avec mes équipes et mes associés sans me faire espionner par les gouvernements.

D'ailleurs je viens juste de créer mon canal en version publique !
On parle des nouvelles opportunités !

Printed in Poland
by Amazon Fulfillment
Poland Sp. z o.o., Wrocław
30 August 2023

bb02cd22-3652-4ec8-b073-d0c5d379c5a0R01